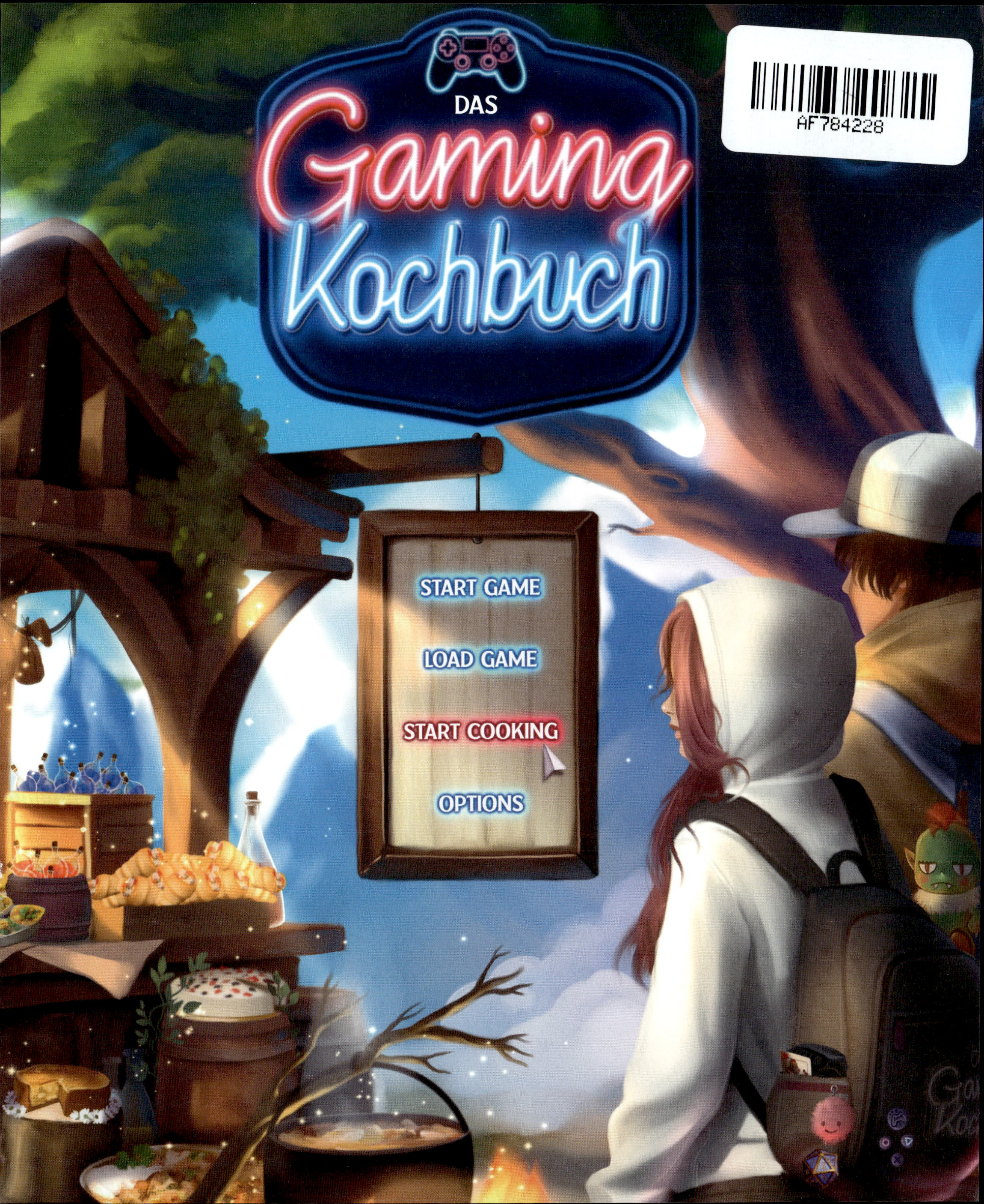
DAS
Gaming
Kochbuch
START GAME
LOAD GAME
START COOKING
OPTIONS

INHALT

DEIN FOOD LOOT NACH KATEGORIE

Gewöhnliche Frühstücksspeisen

Einfache Getränke

Seltene Hauptspeisen

Epische Süßspeisen

Legendäre Snacks

NOCH MEHR KOCHSPAß!

Manga Kochbuch Japanisch
96 Seiten, broschiert
ISBN: 978-3-8404-7035-6

Manga Kochbuch Japanisch 2
96 Seiten, broschiert
ISBN: 978-3-8404-7059-2

Manga Kochbuch Japanisch 3
96 Seiten, broschiert
ISBN: 978-3-8404-7061-5

MUSIK ZUM KOCHEN?
HIER FINDEST DU UNSER
SPOTIFY-PLAYLISTE!

Manga Kochbuch Bentō
112 Seiten, broschiert
ISBN: 978-3-8404-7042-4

Manga Kochbuch Kawaii
96 Seiten, broschiert
ISBN: 978-3-8404-7051-6

Neben dem „Das Gaming Kochbuch" hat die Autorin **Angelina Paustian** bereits die berühmte Manga Kochbuch-Reihe veröffentlicht. Mit typisch japanischen Rezepten bekannt aus Anime und Manga. Kaufen kannst du die Bücher überall im Buchhandel und im Internet. Signierte Exemplare bekommst du auf www.mangaküche.de.

VIELEN DANK AN JEDEN SUPPORTER AUS DER COMMUNITY! IHR HABT DIESES KOCHBUCH ZU ETWAS GANZ BESONDEREM GEMACHT! OHNE EUREN EINSATZ WÄREN DIE FOTOS NIEMALS SO SCHÖN GEWORDEN!

Cindy Fahning
Nadine Hafner
Tobias Streiter
Elli | @elli_kikki_phoebie
Viviane Jilg
Markus Mö.
Yui Spallek
Franziska Plass
Kim-Nadine Meck
Lena & Franzi | @_leka_selfmadefood
Chrissy | @Saphira_nemesis
Steffie und Sarah
Namie
Michael Miedl
Paul | Barakus90
Stefanie Berendt
Micke_Skelly
Daniela, Selina und Belana Mai
Marie Wittek
Akibaline
Anne-Katrin Geiger | @anne_lebt
Bastian | Tsukune Cosplay
Dennis „Denzel" Riegert
Luise Trappe | @Magiermaus_
Littlemissvampire92
Markus Dutschke
Markus Cronjäger
Katharina | @taethriel
Angy Heldt
Mine
Ruth | Mau3006 und Moritz
Fenris
Janin Gruber
Jojookami
Franziska
Jenny Buca
Steffi Leondri
Davina Mallinger
Lootchest
Elbenwald

MAGISCHE ZEICHNUNGEN

Machi ist die Illustratorin dieses Buches – sie ist schon seit dem ersten Manga Kochbuch als Angelinas kreativer Side-kick mit dabei.
Schon seit ihrer Kindheit ist sie fasziniert von den vielfältigen Stilen und Welten, die in Spielen zum Leben erwachen. Als leidenschaftliche Gamerin taucht sie vor allem gerne in die tiefgründigen Geschichten von RPGs ein, während sie sich aber auch für ein episches Knif-fel-Match begeistern kann. Durch ihre Liebe zum Gaming und zur Kunst hat sie es sich zur Aufgabe gemacht, den Zauber dieser phantasievollen Welten in ihren Illustrationen einzufangen. Tauche ein in unsere Welt der Gaming-Kulinarik und lasse dich von der Magie dieses Bu-ches inspirieren!

LEIDENSCHAFTLICHE GAMERIN UND KÖCHIN!

Diese beiden Eigenschaften beschreiben Autorin Angelina Paustian perfekt. Angelina spielte schon bevor sie lesen und schreiben konnte am Super Nintendo ihres Vaters. Ga-ming ist seitdem ein fester Bestandteil ihres Lebens. Nach dem Abitur hat sie eine Zeit lang in Japan gelebt und dort in der Gastro-nomie gearbeitet. Hautnah konnte sie so auch neue Entwicklungen in der Gaming-Branche miterleben. Zurück gekommen ist sie mit den Rezepten für ihre Manga Kochbücher. Bereits 6 Kochbücher hat die Autorin und studierte Ernährungswissenschaftlerin veröffentlicht. Bereits zweimal hat Angelina den Gourmand World Cookbook Award gewonnen. Auf ihren sozialen Medien zeigt sie der Community wöchentlich neue Rezepte für Anime, Manga und Ga-mes. Nun stürzt sich die preisgekrönte Autorin in ein neues Abenteuer und kann endlich ihren Traum für ein Erlebniskochbuch nur für Gamer verwirklichen.

Angelinas Lieblingsspiel: Final Fantasy VII

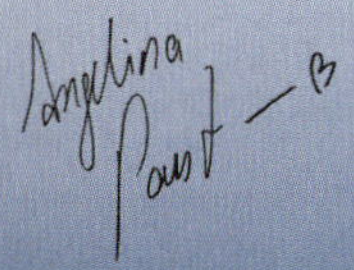

FÜR IHRE COMMUNITY ZAUBERT ANGELINA AUCH WÖCHENTLICH NEUE REZEPTE FÜR GAMER, ANIME- UND MANGA-FANS AUF:

Instagram: @mangakochbuch
Twitch: @mangakochbuch
Youtube: @mangakochbuch
Tiktok: @mangakochbuch
Threads: @mangakochbuch
Blog: www.mangakochbuch.com

PLAY TO WIN!

Es gibt eine unendliche Menge an verschiedenen Spielen auf der Welt! Natürlich können wir nicht alle davon hier festhalten. Dennoch: egal ob Retro-, Video-, Brett-, oder Gesellschaftsspiel: Kreuzt an, was ihr schon mal gespielt habt, oder entdeckt neue Spiele, die ihr vielleicht mal ausprobieren könntet! Da sich die Genres mancher Spiele auch vermischen, seht diese Einordnung bitte als grobe Richtung. Wichtig ist der Spaß am Spielen. Und natürlich: Play to win!

WIR LIEBEN SPIELEABENDE! EGAL OB BRETTSPIEL, KARTENSPIEL, PEN AND PAPER ODER TCG!

♥ ♡ BRETTSPIELE

- ☐ ☐ Dominion
- ☐ ☐ Monopoly
- ☐ ☐ Spiel des Lebens
- ☐ ☐ Das verrückte Labyrinth
- ☐ ☐ Five Tribes
- ☐ ☐ Zug um Zug
- ☐ ☐ Die Siedler von Catan
- ☐ ☐ Everdell
- ☐ ☐ Azul
- ☐ ☐ Carcassonne
- ☐ ☐ Elfenland
- ☐ ☐ Ubongo
- ☐ ☐ Trivial Pursuit
- ☐ ☐ T.I.M.E Stories
- ☐ ☐ Risiko
- ☐ ☐ Stone Age
- ☐ ☐ Codenames
- ☐ ☐ Die Legenden von Andor
- ☐ ☐ Pandemic
- ☐ ☐ Die Tavernen im Tiefen Thal
- ☐ ☐ Die Quacksalber von Quedlinburg
- ☐ ☐ Paleo
- ☐ ☐ Terra Mystica
- ☐ ☐ Blood Rage
- ☐ ☐ Gloomhaven

♥ ♡

- ☐ ☐ Sythe
- ☐ ☐ Spirit Island
- ☐ ☐ Die verlorenen Ruinen von Arnak

KARTENSPIELE

- ☐ ☐ Skip-Bo
- ☐ ☐ Uno
- ☐ ☐ Wizard
- ☐ ☐ Aeon's End
- ☐ ☐ Phase 10
- ☐ ☐ Dobble
- ☐ ☐ 6 nimmt!
- ☐ ☐ Ligretto
- ☐ ☐ Elfer raus
- ☐ ☐ Munchkin
- ☐ ☐ Black Stories
- ☐ ☐ Krimispiele
- ☐ ☐ Der Hochstapler
- ☐ ☐ Hidden Games
- ☐ ☐ Crimeland
- ☐ ☐ The Unkown Krimispiel
- ☐ ☐ Suspects – tödliche Spuren
- ☐ ☐ Culinario Mortale – Mord nach Rezept
- ☐ ☐ Mörderische Dinnerparty
- ☐ ☐ Masters of Crime

♥ ♡ ESCAPE- & ADVENTURE SPIELE

- ☐ ☐ Villen des Wahnsinns
- ☐ ☐ Arkham Horror
- ☐ ☐ Exit – Das Spiel
- ☐ ☐ X-Scape

PEN AND PAPER

- ☐ ☐ Dungeons and Dragons
- ☐ ☐ Vampire: Die Maskerade
- ☐ ☐ Call of Cthulhu
- ☐ ☐ Das schwarze Auge
- ☐ ☐ Shadowrun
- ☐ ☐ Ultima Ratio: Du gegen die Mutter-KI
- ☐ ☐ Selbstgeschriebenes PnP

TRADING CARD GAMES

- ☐ ☐ Magic the Gathering
- ☐ ☐ Yu-Gi-Oh!
- ☐ ☐ Disney Lorcana
- ☐ ☐ Pokémon TCG
- ☐ ☐ One Piece Card Game
- ☐ ☐ Weiss Schwarz TCG
- ☐ ☐ Star Wars Unlimited
- ☐ ☐ Flesh and Blood

KONSOLE, COMPUTER ODER SPIELEAUTOMAT? WIR LIEBEN VIDEOSPIELE!

♥ ♡ ACTIONSPIELE

- ☐ ☐ Prince of Persia-*Reihe*
- ☐ ☐ Tomb Raider-*Reihe*
- ☐ ☐ Metal Gear Solid-*Reihe*
- ☐ ☐ Outcast
- ☐ ☐ Shenmue-*Reihe*
- ☐ ☐ Yakuza-*Reihe*
- ☐ ☐ Lost Planet-*Reihe*

♥ ♡

- ☐ ☐ Uncharted-*Reihe*
- ☐ ☐ Batman-*Reihe*
- ☐ ☐ Red Dead Redemption
- ☐ ☐ Dead Space-*Reihe*
- ☐ ☐ Death Stranding
- ☐ ☐ Life is strange-*Reihe*
- ☐ ☐ Marvels Spider Man

♥ ♡

- ☐ ☐ The Legend of Zelda-*Reihe*
- ☐ ☐ The Last of us-*Reihe*
- ☐ ☐ Hitman-*Reihe*
- ☐ ☐ Mafia-*Reihe*
- ☐ ☐ Grand Theft Auto-*Reihe*
- ☐ ☐ Assassin's Creed-*Reihe*

BEAT 'EM UPS

- Street Fighter-*Reihe*
- Tekken-*Reihe*
- Dead or Alive-*Reihe*
- Soul Calibur-*Reihe*
- Super Smash Brothers-*Reihe*
- Kung-Fu Master
- Shinobi-*Reihe*
- Double Dragon-*Reihe*

SHOOTER-SPIELE

- Metro 2033
- Borderlands-*Reihe*
- Tron-Reihe
- Max Payne-*Reihe*
- Battlefield-*Reihe*
- Bioshock-*Reihe*
- Duke Nukem-*Reihe*
- Call of Duty-*Reihe*
- Valorant
- Halo-*Reihe*
- Medal of Honor-*Reihe*
- Aliens v. Predator-*Reihe*
- Warframe-*Reihe*
- Quake-*Reihe*
- Payday-*Reihe*
- Overwatch
- PUBG
- Fortnite
- Far Cry-*Reihe*
- Doom-*Reihe*
- Counter-*Strike*
- Half-Life-*Reihe*
- Moorhuhn
- The Darkness

JUMP 'N' RUNS

- Sonic the Hedgedog-*Reihe*
- Donkey Kong-*Reihe*
- Pitfall
- Super Mario-*Reihe*
- Metroid-*Reihe*
- Rayman-*Reihe*
- Celeste
- Gris
- Little Big Planet
- Jak and Daxter-*Reihe*
- Ratchet and Clank-*Reihe*
- Crash Bandicoot-*Reihe*
- Shovel Knight-*Reihe*
- Kirby-*Reihe*
- Spyro-*Reihe*
- Mega Man-*Reihe*

ROLLENSPIELE - RPG

- Final Fantasy-*Reihe*
- Pokémon-*Reihe*
- Yakuza-*Reihe*
- Kingdom Hearts-*Reihe*
- Darksiders-*Reihe*
- Baldur's Gate-*Reihe*
- Bloodborne
- NieR-*Reihe*
- Undertale
- The Witcher-*Reihe*
- Dragon Age-*Reihe*
- Horizon-*Reihe*
- Mass Effect-*Reihe*
- Dark Souls
- Devil May Cry-*Reihe*
- Diablo-Reihe
- God of War-*Reihe*
- Genshin Impact
- World of Warcraft-*Reihe*
- Guild Wars-*Reihe*
- Tales of …-Reihe
- Dragon Quest-*Reihe*
- Persona-*Reihe*
- Octopath Traveler-*Reihe*
- Fallout-*Reihe*
- Secret of Mana-*Reihe*
- The Elder Scrolls-*Reihe*
- Xenoblade-*Reihe*
- Cyberpunk 2077
- Deus Ex-*Reihe*

SIMULATIONS-SPIELE

- Animal Crossing-*Reihe*
- Harvest Moon-*Reihe*
- Die Sims-*Reihe*
- Anno-*Reihe*
- Minecraft
- Stardew Valley-*Reihe*
- Landwirtschafts-Simulator-*Reihe*
- Hokko Life
- Puff Pals
- Sun Haven
- Disney Dreamlight Valley
- Harvestella

POINT AND CLICK-SPIELE

- Kentucky Route Zero
- Monkey Island-*Reihe*
- Five Nights at Freddy's
- Leisure Suit Larry-*Reihe*
- Deponia-*Reihe*
- Edna bricht aus
- Thimbleweed Park
- Grim Fandango

SPORTSPIELE & FUN RACER

- Mario Kart-*Reihe*
- Need for Speed-*Reihe*
- Fifa-*Reihe*
- NBA-*Reihe*
- WWE-*Reihe*
- Ring Fit Adventure
- Just Dance-*Reihe*

SURVIVALSPIELE

- Silent Hill
- The Evil Within-*Reihe*
- Resident Evil-*Reihe*
- Valheim
- Day Z
- V Rising
- Rimworld
- The long Dark
- 7 Days to Die
- Rust

MOBA-SPIELE

- League of Legends
- Dota-Reihe
- Smite
- Pokémon Unite
- Arena of Valor
- Heroes of the Storm
- Brawl Stars
- Paladins

♥ GEZOCKT

♡ WIRD NOCH GEZOCKT

SCHNELLE REZEPTE, UM DEN HANGRY ENDGEGNER ZU BESIEGEN

Beim Zocken mal wieder die Zeit vergessen und jetzt ist nicht mehr der Boss auf dem Bildschirm das schlimmste Problem?

Oder in geselliger Runde auf dem Spielbrett eine Quest zu viel erledigt und jetzt hat die ganze Meute keine Energie mehr für weitere Rätsel? Dann schnell in die Küche!
Mit diesen einfachen Rezepten ist der Hangry-Modus schnell bewältigt und es kann direkt das nächste Abenteuer starten!

PEW PEW PIZZA CONES

Einhand-Modus beim Zocken und Essen? Kein Problem mit diesen praktischen Pizza Cones!

FÜR 8 STÜCK:

1 x FERTIG-PIZZATEIG MIT 400 g PIZZATEIG UND 200 g SOßE (ODER 1 PORTION SELBSTGEMACHTER TEIG UND SOßE, SIEHE UNTEN)

FÜR DIE FÜLLUNG:

1	CHAMPIGNON
½	ZWIEBEL
1	SCHEIBE KOCHSCHINKEN ODER SALAMI ODER 2 EL THUNFISCH IM EIGENEN SAFT ODER FÜR VEGGIE ½ ROTE PAPRIKA
2 EL	MAIS
60 g	GERIEBENEN MOZZARELLA

1 PORTION TEIG:

350 g	MEHL
200 ml	LAUWARMES WASSER
4 g	TROCKENHEFE
2 TL	ZUCKER
½ TL	SALZ
2 EL	OLIVENÖL

FÜR DIE SOßE:

150 ml	PASSIERTE TOMATEN
1 TL	OREGANO
½ TL	THYMIAN
1 TL	HONIG
¼ TL	SALZ
¼ TL	PFEFFER

AUßERDEM:

8 STÜCK EDELSTAHL-SCHILLER-LOCKENFORM (ca. 14 cm LÄNGE × 3 cm DURCH-MESSER, KOSTEN ca. 7 € ONLINE)

1. **Für die Füllung:** Champignon und Zwiebel in sehr kleine Würfel schneiden. Wurst (oder für Veggie die Paprika) auch in kleine Würfel schneiden. Champignonwürfel, Zwiebelwürfel, Mais, Mozzarella und Wurst (oder Paprika) miteinander mischen. Falls nötig, die Zutaten für die selbstgemachte Soße miteinander mischen.

2. Den Backofen auf 180 °C Umluft vorheizen. Den Pizzateig auf einem Stück Backpapier rechteckig, dünn ausrollen (Fertigteig ist schon perfekt ausgerollt). Den rechteckigen Pizzateig an der langen Seite in 8 gleich lange Stränge schneiden.

3. Das Ende eines Teigstrangs unten an der Spitze der Schillerlockenform um die Spitze drücken und die Teigschnur um die Form herum aufrollen. Darauf achten, dass die Teigschnur immer ein kleines Stück auf dem Teig darunter aufliegt, damit die Cones fest zusammenbacken. Am oberen Rand der Edelstahlform immer einen halben Zentimeter Platz zur Öffnung lassen.

4. Die gerollten Teighörnchen auf ein mit Backpapier belegtes Blech legen und für 10 Minuten backen. Dann aus dem Ofen nehmen, den Ofen aber anlassen.

5. Noch warm die Edelstahlröhrchen vorsichtig aus den Hörnchen ziehen. 3 alte Tassen auf das Backblech stellen. Mit einem Backpinsel oder kleinen Löffel Pizzasoße überall innen im Hörnchen verteilen und runterlaufen lassen. Dann 2–3 Teelöffel der Füllung in die gebackenen Spitztüten füllen. Dabei vorsichtig mit dem Löffelstiel die Füllung nach unten ins Hörnchen drücken. Das gefüllte Hörnchen aufrecht in eine der Tassen stellen. Alle Pizza Cones so füllen. In jede Tasse passen 2–3 Hörnchen.

6. Das Backblech mit den Tassen wieder auf mittlerer Schiene in den Backofen stellen und weitere 10 Minuten backen. Direkt servieren.

Für selbstgemachten Pizzateig:

Mehl, Trockenhefe, Zucker, Salz, lauwarmes Wasser und Öl in einer Schüssel miteinander mischen und zu einem Teig kneten. Den Teig 5 Minuten kneten (oder in einer Küchenmaschine kneten lassen). Dann mit einem sauberen Geschirrtuch abdecken und 60 Minuten gehen lassen. Mit Schritt 1 im Rezept beginnen.

OPTIONS
EINKAUFSLISTE

BRB (BE RIGHT BACK)-BRATNUDELN

Bratnudeln dürfen beim Zocken einfach nicht fehlen!

FÜR 4 PORTIONEN:

400 g	FLEISCH NACH WAHL (HÜHNER-INNENFILETS, SCHWEINEFILET ODER RINDER-MINUTENSTEAKS)
3	KAROTTEN
1	ZWIEBEL
1	STANGE LAUCH
200 g	MUNGOBOHNENSPROSSEN
6	EIER
4 EL	GERÖSTETES SESAMÖL
300 g	CHINESISCHE EIERNUDELN (QUICK COOKING NOODLES)
2 EL	SPEISESTÄRKE
1 Prise	SALZ, PFEFFER

MARINADE:

10 EL	SOJASOßE
3 EL	SAKE
1 EL	ZUCKER
1 EL	HÜHNERBRÜHEPULVER

1. Das Fleisch in dünne, kurze Scheiben schneiden und in einer Schale mit den Zutaten für die Marinade mischen. Perfekt sind die Scheiben dann, wenn du sie ähnlich wie Carpaccio schneidest, jedoch nicht ganz so dünn.

2. Karotten und Zwiebel schälen. Karotten in dünne, kurze Stifte schneiden. Zwiebel in Halbringe und Lauchstange in Ringe schneiden. Mungobohnensprossen mit klarem Wasser abspülen.

3. Eier in einer Schale mit etwas Salz und Pfeffer verquirlen und in einer Pfanne zu Rührei ausbraten, beiseitestellen. Nudeln nach Packungsanleitung zubereiten, abgießen und mit 2 EL geröstetem Sesamöl mischen.

4. Die Speisestärke in eine Schale geben. Fleisch aus der Marinade fischen und in der Speisestärke wälzen. Marinade aufheben.

5. Eine große Pfanne (oder Wok) erhitzen. 2 EL geröstetes Sesamöl hineingeben und das Fleisch darin von allen Seiten anbraten. Karotten, Zwiebel und Lauch hinzugeben und mitbraten, bis die Karotten bissfest sind. Mungobohnensprossen hinzugeben und kurz mitbraten.

6. Nudeln, Eier und Marinade vom Fleisch mit in die Pfanne geben und alles nochmal gut anbraten. Dann servieren.

CHEATER HACK

ANSTELLE VON CHINESISCHEN NUDELN KANNST DU AUCH DÜNNE SPAGHETTI VERWENDEN.

VEGGIE-MODUS

150 g	CASHEWKERNE STATT FLEISCH
	SPEISESTÄRKE KANN WEGGELASSEN WERDEN

+ ÜBRIGE ZUTATEN VON OBEN AUßER MARINADE

MARINADE:

4 EL	SOJASOßE MIT PILZGESCHMACK
3 EL	SAKE
4 EL	NORMALE SOJASOßE
1 EL	ZUCKER

1. Cashewkerne mit Sojasoße, Pilz-Sojasoße, Sake und Zucker mischen.
2. Schritt 2–3 aus dem Rezept oben zubereiten.
3. 2 EL Sesamöl in einer großen Pfanne erhitzen. Karotten, Zwiebel und Lauch darin anbraten, bis die Karotten gar sind. Mungobohnensprossen kurz mitbraten, dann Cashewkerne mit Marinade, Eier und Nudeln hinzugeben. Alles zusammen gut mischen, kurz anbraten und servieren.

WOK
EINKAUFSLISTE

ENDGAME CHEESEBURGER-TASCHEN

Das Endgame hat begonnen und du bist hungrig? Wie wär's mit einem Burger, der nicht kleckert?! Stärke dich mit den köstlichen Cheeseburger-Taschen. Eingefroren kannst du sie sogar in einer Gaming-Pause in 2 Minuten fertig machen. Wie, erfährst du im Pro-Tipp!

FÜR 6 STÜCK:

500 g	RINDERHACKFLEISCH
1	ZWIEBEL
1	KNOBLAUCHZEHE
50 g	HOT DOG-GURKENSCHEIBEN
4 EL	KETCHUP
3 EL	MAYONNAISE
2 TL	SENF
½ TL	PAPRIKAPULVER, EDELSÜß
6	SCHEIBEN SANDWICHKÄSE/ SCHEIBLETTENKÄSE (ca. 150 g)
3 EL	RAPSÖL
1 Prise	SALZ, PFEFFER

FÜR DEN TEIG:

250 g	MEHL
2 EL	OLIVENÖL
200 ml	KOCHENDES WASSER
1 Prise	SALZ

1. **Für die Füllung:** Zwiebel und Knoblauchzehe schälen. Zwiebel in Würfel schneiden und Knoblauch hacken. Eine Pfanne erhitzen. Hackfleisch, Zwiebelwürfel und Knoblauch in die Pfanne geben, mit etwas Salz und Pfeffer würzen und gar braten. Vom Herd nehmen und in eine Schüssel füllen.

2. Gurkenscheiben in kleine Stücke schneiden. In die Schale zum Hackfleisch geben. Ketchup, Mayonnaise, Senf, Paprikapulver, Salz und Pfeffer hinzugeben. Alles gut mischen. Sandwichkäse in kleine Stücke schneiden, in die Schale geben und unterrühren, bis alles gleichmäßig verteilt ist.

3. **Für den Teig:** Mehl mit Olivenöl, Salz und kochendem Wasser mischen und mit einem Löffel verrühren. Sobald die Masse so abgekühlt ist, dass man sie anfassen kann, zu einem Teig kneten. Noch warm in 6 gleich schwere Portionen aufteilen. Zu Kugeln formen und mit einem Nudelholz dünn und rund ausrollen.

4. Die Füllung gleichmäßig auf die 6 Teigplatten verteilen. Die Teigränder nach oben hin schließen, fest zusammendrücken und wenden, d. h. mit der anfangs offenen Seite nach unten hinlegen.

5. Den Backofen auf 180 °C Ober-/Unterhitze vorheizen. Eine große Pfanne erhitzen, 3 EL Rapsöl hineingeben, die Teiglinge mit der anfangs offenen Seite nach unten in die Pfanne legen und von jeder Seite bei mittlerer Hitze 5 Minuten braten.

6. Die Cheeseburger-Taschen auf ein mit Backpapier belegtes Backblech legen und nochmals 10 Minuten im Backofen garen. Aus dem Backofen nehmen und direkt genießen. Dazu passen auch super Wedges, Pommes oder Süßkartoffel-Pommes.

PRO-TIPP

DIESE CHEESEBURGER-TASCHEN KANNST DU AUCH SUPER IN FRISCHHALTEFOLIE GEWICKELT EINFRIEREN! EINE PAUSE IM RAID?! SCHMEIß DIE TIEFGEKÜHLTEN TEILE BEI 600 WATT FÜR 2 MINUTEN IN DIE MIKROWELLE UND SCHON HAST DU DEN PERFEKTEN SNACK!

CHEATER HACK

KEINE ZEIT ODER LUST DEN TEIG SELBER ZU MACHEN? NIMM EINFACH EINEN FERTIGEN PIZZATEIG AUS DEM KÜHLREGAL (ca. 500 g), ROLLE IHN AUS, SCHNEIDE IHN IN 6 STÜCKE UND FÜLLE IHN WIE BESCHRIEBEN. WIR EMPFEHLEN DEN SELBSTGEMACHTEN TEIG, ABER WENN ES MAL SCHNELL GEHEN MUSS, IST ES EINE TOLLE ALTERNATIVE.

VEGGIE-MODUS

400 g	VEGETARISCHES HACKFLEISCH STATT RINDERHACK
½ TL	DILL (TIEFGEKÜHLT)
2 EL	RAPS- ODER SONNENBLUMENÖL

+ ZUTATEN VON OBEN

1. Das vegetarische Hackfleisch wie in Schritt 1 beschrieben mit Zwiebel, Knoblauch und zusätzlich 2 EL Öl in der Pfanne anbraten, bis es krümelig und gebräunt ist. Dann mit Schritt 2–6 fortfahren und bei Schritt 2 noch den Dill zur Füllung hinzugeben.

TETRIS
EINKAUFSLISTE

POWER UP PILZ-PASTA

Ein schneller Boost für deinen Teller? Diese Pasta ist ruck-zuck fertig!

FÜR 4 PORTIONEN:

300 g	SCHWEINE-SCHNITZEL
500 g	PILZE NACH WAHL (z.B. 250 g BRAUNE CHAMPIGNONS UND 250 g KRÄUTERSEITLINGE)
200 g	SAHNE
600 g	SAHNE-SCHMELZKÄSE
2 EL	RÖSTZWIEBELN
2 EL	GEHACKTE PETERSILIE (TIEFGEKÜHLT ODER FRISCH)
4 EL	RAPS- ODER SONNENBLUMENÖL
2 TL	ZWIEBELPULVER
1 EL	GEMÜSEBRÜHE
1 Prise	SALZ, PFEFFER
500 g	PASTA NACH WAHL (z.B. FARFALLE)

1. Die Schnitzel in mundgerechte Stücke schneiden.

2. Pilze putzen und in Scheiben schneiden. Eine Pfanne erhitzen. Öl in die Pfanne geben und die Pilze anbraten, bis sie angebräunt sind. Schnitzelstreifen hinzugeben und gar braten.

3. Sahne und Schmelzkäse in die Pfanne geben und auf mittlerer Stufe erhitzen, bis sich der Käse aufgelöst hat. Röstzwiebeln, Zwiebelpulver und Petersilie hinzugeben. Alles gut mischen. Mit Salz und Pfeffer abschmecken.

4. Soße auf niedriger Hitze warmhalten und Pasta nach Packungsanleitung zubereiten. Nach Belieben die gegarte Pasta in der Pfanne mit der Soße mischen oder die Soße ganz klassisch über die Pasta geben.

PRO-TIPP

VOLLKORN-PASTA FÜR NOCH MEHR POWER WÄHLEN.

VEGGIE-MODUS

SCHNITZEL WEGLASSEN

Schritt 2–4 zubereiten.

EINKAUFSLISTE

KARTOFFEL-WAFFEL-SANDWICHES

Für 3 Sandwiches aus dem Belgischen Waffeleisen (6 Waffeln) oder
2 große Sandwiches aus einem Herzwaffeleisen (4 Waffeln):

KARTOFFEL-WAFFELN:

600 g	KARTOFFELN
150 g	MEHL
3	EIER
7	STÄNGEL FRISCHES BASILIKUM
2 EL	ÖL
½ TL	SALZ
1 TL	PAPRIKAPULVER, EDELSÜß
1 Prise	PFEFFER

FÜR DIE SANDWICHSOßE:

125 g	GRIECHISCHER JOGHURT
2 EL	CREMIGE ERDNUSSBUTTER
2 TL	SENF
1 TL	HONIG
2 EL	KETCHUP
1 Prise	SALZ, PFEFFER

ALTERNATIV ZUR SOßE:

KETCHUP UND MAYONNAISE

FÜR DEN BELAG:

3	EIER
3	SCHEIBEN SALAMI UND/ODER SCHINKEN
3	SCHEIBEN GOUDA-KÄSE
3	BLÄTTER SALAT
1	ROTE ZWIEBEL
1	TOMATE

ALTERNATIV-BELAG NACH WAHL

1. **Für die Soße:** Griechischen Joghurt, Erdnussbutter, Senf, Honig und Ketchup mischen. Mit Salz und Pfeffer abschmecken.

2. Zwiebel schälen und in dünne Ringe schneiden. Tomate in Scheiben schneiden.

3. **Für die Kartoffel-Waffeln:** Kartoffeln schälen und grob reiben. Basilikumblätter von den Stängeln zupfen und hacken. Geriebene Kartoffeln mit Mehl, Eiern, gehacktem Basilikum, Öl, Salz, Pfeffer und Paprikapulver mischen.

4. Waffeleisen ggf. einfetten und aus dem Teig 4–6 Waffeln backen. Die Waffeln sollten hellbraun und etwas knusprig sein. Also lieber etwas länger drin lassen, sodass die Kartoffeln gar werden können.

5. Während der Wartezeit aus den Eiern in einer Pfanne mit etwas Öl 3 Spiegeleier braten. Diese etwas salzen und pfeffern.

6. 2 Waffeln mit Sandwichsoße (und/oder Mayonnaise und Ketchup) bestreichen. Eine der Waffeln mit etwas Käse, Schinken, einem Spiegelei, Salami, Zwiebelringen, Tomatenscheiben, Salat und der zweiten Waffel belegen.

7. Alle Waffel-Sandwiches so zubereiten und direkt genießen.

PRO-TIPP

WICKLE DAS FERTIGE SANDWICH FEST IN FRISCHHALTEFOLIE EIN UND HALBIERE ES DANN. SO KANNST DU ES ESSEN, OHNE DASS ETWAS HERAUSFÄLLT. ZUDEM LÄSST ES SICH SO GUT IN EINER DOSE MITNEHMEN, OHNE DASS ES AUSEINANDERFÄLLT.

CHEATER HACK

BELEGE DEINE WAFFEL NACH LUST & LAUNE! AUCH NUR MIT KETCHUP, MAYONNAISE, EINEM EI ODER KÄSE IST ES SUPER LECKER. ALTERNATIV: 100 g THUNFISCH, 2 EL MAIS MIT 3 EL MAYONNAISE SOWIE SALZ UND PFEFFER GEMISCHT, GIBT MIT EINEM BLATT SALAT EIN TOLLES THUNFISCH-SANDWICH AB.

VEGGIE-MODUS

EINE IN SCHEIBEN GESCHNITTENE AVOCADO MIT SALZ UND PFEFFER BESTREUT STATT SALAMI ODER SCHINKEN

MENU
PLAYER 2
MENU
PLAYER 1
SUPER NINTENDO
SELECT
EINKAUFSLISTE

BLITZ INSTANT RAMEN

Du liebst Instant Ramen, willst aber nicht ständig die Tütchen benutzen? Dann ist hier für dich das richtige Rezept! Wenn du die Zutaten erstmal vorrätig hast, kannst du dir jederzeit frische Instant Ramen zum Zocken machen!

FÜR 2 SCHÜSSELN:

2	NESTER MIE-NUDELN (ca. 66 g JE NUDELNEST)
1	KNOBLAUCHZEHE
1,5 cm	INGWERSTÜCK
3 EL	GERÖSTETES SESAMÖL
2 EL	TAHIN (SESAMPASTE), ALTERNATIV 4 EL CREMIGE ERDNUSSBUTTER
4 EL	SOJASOßE
600 ml	WASSER
2	FRÜHLINGSZWIEBELN
2 EL	HELLE MISOPASTE (1 EL JE SCHÜSSEL)

ODER FÜR SCHARFE RAMEN STATT MISOPASTE:

1 TL	ROTE CURRYPASTE ODER CHILISOßE (½ TL PRO SCHÜSSEL)

TOPPING:

WAS DU IM KÜHLSCHRANK HAST ODER EINE DER TOPPING-IDEEN VON UNTEN

1. Toppings ggf. zubereiten. Frühlingszwiebeln in dünne Scheiben schneiden. Knoblauch und Ingwer schälen. Knoblauch hacken und Ingwer reiben, dann auf beide Schüsseln aufteilen. In einem kleinen Topf das Öl erhitzen und direkt in die Schüsseln zum Knobi-Ingwer geben.

2. 1 EL Tahin und 2 EL Sojasoße in jede Schale geben. Alles verrühren, sodass sich die Paste gut auflöst.

3. In jede Schale ein Mie-Nudel-Nest legen. Wasser zum Kochen bringen und jeweils 300 ml in jede Schale gießen. Einen Deckel (oder Teller) auf die Schale legen und die Nudeln 6–10 Minuten ziehen lassen (Nudelpackung beachten. Kann je nach Sorte variieren).

4. Deckel abnehmen, Nudeln mit allem gut mischen. Jetzt Misopaste oder Chilisoße einrühren. Frühlingszwiebel-Scheiben und Wunsch-Toppings auf die Ramen legen.

PRO-TIPP

INSTANT RAMEN IST EIN FESTER TEIL DEINES FOOD-PLANS? DANN LOHNT SICH EVTL. EIN DÖRRAUTOMAT. DAMIT KANNST DU z. B. FRÜHLINGSZWIEBELN, MAISKÖRNER, GEMÜSE UND NARUTO MAKI DÖRREN, IN EINEM SCHRAUBGLAS AUFBEWAHREN UND HAST DANN IMMER EINE GESUNDE UND LANGE HALTBARE TOPPING-ALTERNATIVE ZU DEN TÜTCHEN. GETROCKNETE ZUTATEN ZUSAMMEN MIT DEM KOCHENDEN WASSER IN DIE SCHÜSSELN GEBEN.

CHEATER HACK

FRIERE DEN INGWER EIN! DU KANNST IHN DANN VIEL EINFACHER REIBEN. DIE SCHALE MIT EINEM MESSER VOR DEM REIBEN ABKRATZEN.

TOPPING IDEEN

- MAIS
- KIMCHI
- GEBRATENER BACON
- GEWÜRZTES SPIEGELEI
- GEKOCHTE EIER
- MIT GEHACKTEM KNOBLAUCH GEBRATENER PAK CHOI
- NARUTO MAKI (TIEFGEKÜHLT, ASIAMARKT)
- GEBRATENE BAMBUSSPROSSEN ODER MUNGOBOHNENSPROSSEN
- NORI
- GERIEBENER CHEDDAR
- GEBRATENES FLEISCH (HÜHNCHEN, RIND, SCHWEINEFILET, HACKFLEISCH)

INSTANT
NOODLES
CUP
EINKAUFSLISTE

AROMATISCHE HONIG-SENF-TALER DES ZOCKERS

Du hast keine Zeit für langes Kochen? Oder hast Lust auf einen schnellen Late-Night-Snack beim Spielen? Knabber-Reste sind auch noch da? Dann ab damit in den Ofen!

FÜR 6 STÜCK:

2	ZWIEBELN
1 TL	RAPS- ODER SONNENBLUMENÖL
1 EL	MITTELSCHARFER SENF
2 EL	HONIG
1	KUGEL MOZZARELLA
25 g	BREZEL-SNACKS
1 TL	CURRYPULVER
1 EL	RAPS- ODER SONNENBLUMENÖL
1 Dose	SONNTAGSBRÖTCHEN AUS DEM KÜHLREGAL MIT 6 BRÖTCHEN

1. Zwiebeln schälen und in kleine Würfel schneiden. Eine kleine Pfanne erhitzen und die Zwiebeln in 1 TL Öl glasig braten. Senf und Honig hinzufügen, unterrühren und nochmals 1 Minute mitbraten. Vom Herd nehmen.

2. Mozzarella in 6 Scheiben schneiden. Brezel-Snacks mit den Händen zu kleinen Stücken zerbrechen und in einer kleinen Schale mit 1 EL Öl und 1 TL Currypulver mischen.

3. Die Sonntagsbrötchen einzeln aus der Dose entnehmen und auf einem Stück Backpapier mit einem Nudelholz flach ausrollen. Die Teigfladen auf ein mit Backpapier belegtes Backblech legen.

5. Die Honig-Senf-Zwiebeln auf die 6 Fladen verteilen, darauf jeweils eine Scheibe Mozzarella legen und Brezelstücke darüber streuen.

4. Das Backblech in den Ofen schieben und alles ca. 15–20 Minuten (je nach gewünschter Bräune) bei 180 °C Ober-/Unterhitze backen. Aus dem Ofen nehmen und direkt servieren.

EINKAUFSLISTE

GOOD GAME FRÜHSTÜCKSMUFFINS

Nahrhaft, einfach und trotzdem lecker? Nutze für den perfekten Gaming-Start in den Tag den Combo-Buff aus Vollkornmehl und Haferflocken! Honig und Schoko Chunks sind dabei der absolute Finisher für deinen Morgenhunger. Und während der Backzeit kannst du auch noch ganz easy nebenbei eine morgendliche Aufwachrunde deines Lieblingsgames zocken. GG!

FÜR 12 STÜCK:

150 g	ZARTE HAFERFLOCKEN
160 g	DINKEL-VOLLKORNMEHL
1 TL	BACKPULVER
3	EIER
150 g	HONIG
80 g	RAPS- ODER SONNENBLUMENÖL
100 g	ZARTBITTER-SCHOKO CHUNKS

1 EINE MUFFINFORM MIT 12 MULDEN

1. Muffinform ggf. einfetten oder Muffin-Papierförmchen in die Mulden des Blechs setzen. Haferflocken, Vollkornmehl, Backpulver, Eier, Honig und Öl zu einem Teig mischen. Schoko Chunks unterrühren. Den Teig gleichmäßig auf die Mulden der Muffinform verteilen.

2. Das Muffin-Blech in den Ofen stellen und bei 180 °C Ober-/Unterhitze ca. 25 Minuten backen. Die Muffins aus dem Ofen holen, etwas abkühlen lassen und aus der Form lösen. Entweder lauwarm oder kalt genießen.

PRO-TIPP

IN EINER DOSE AUFBEWAHREN ODER MIT FRISCHHALTEFOLIE ABDECKEN. SO HALTEN SICH DIE MUFFINS FÜR MEHRERE TAGE UND DU KANNST DIREKT MIT DEINEM LIEBLINGSGETRÄNK, MUFFIN UND GAME IN DEN TAG STARTEN.

EINKAUFSLISTE

GAME OVER ERDBEER-SCHOKO-AUFLAUF

Schwarz und rot sind nicht nur die Farben auf deinem Bildschirm beim Game Over! Fruchtige Erdbeeren und eine gute Portion Schokolade helfen vielleicht nicht, den Endboss zu erledigen, aber ganz bestimmt gegen schlechte Laune!

FÜR EINEN AUFLAUF:

200 g	ZARTBITTERSCHOKOLADE
100 g	BUTTER
10	EIER
280 g	ZUCKER
100 g	BACK-KAKAO
3 EL	MEHL
150 g	TIEFKÜHLERDBEEREN

1 AUFLAUFFORM ca. 20 × 29 cm

1. Die Schokolade grob hacken. Butter in einem kleinen Topf bei mittlerer Hitze schmelzen. Nicht zu heiß werden lassen. Eier, Zucker, Back-Kakao, Mehl und geschmolzene Butter in einer Schüssel zu einem Teig rühren. Zartbitterschokolade unterrühren.

2. Die Auflaufform mit einem Stück Backpapier auslegen, sodass auch die Ränder damit bedeckt sind. Den Teig in die Auflaufform füllen. Die gefrorenen Erdbeeren gleichmäßig überall auf dem Teig verteilen und etwas nach unten drücken.

3. Den Auflauf bei 180 °C Ober-/Unterhitze ca. 50 Minuten backen. Aus dem Backofen nehmen und kurz abkühlen lassen. Man kann den Auflauf nun super aus der Form heben und dann in Stücke schneiden, wenn man das Backpapier an beiden Seiten vorsichtig hochzieht. Am besten noch warm genießen. Dazu passt auch Vanilleeis und/oder Schlagsahne.

EINKAUFSLISTE

Gamer-Essentials-Rezepte

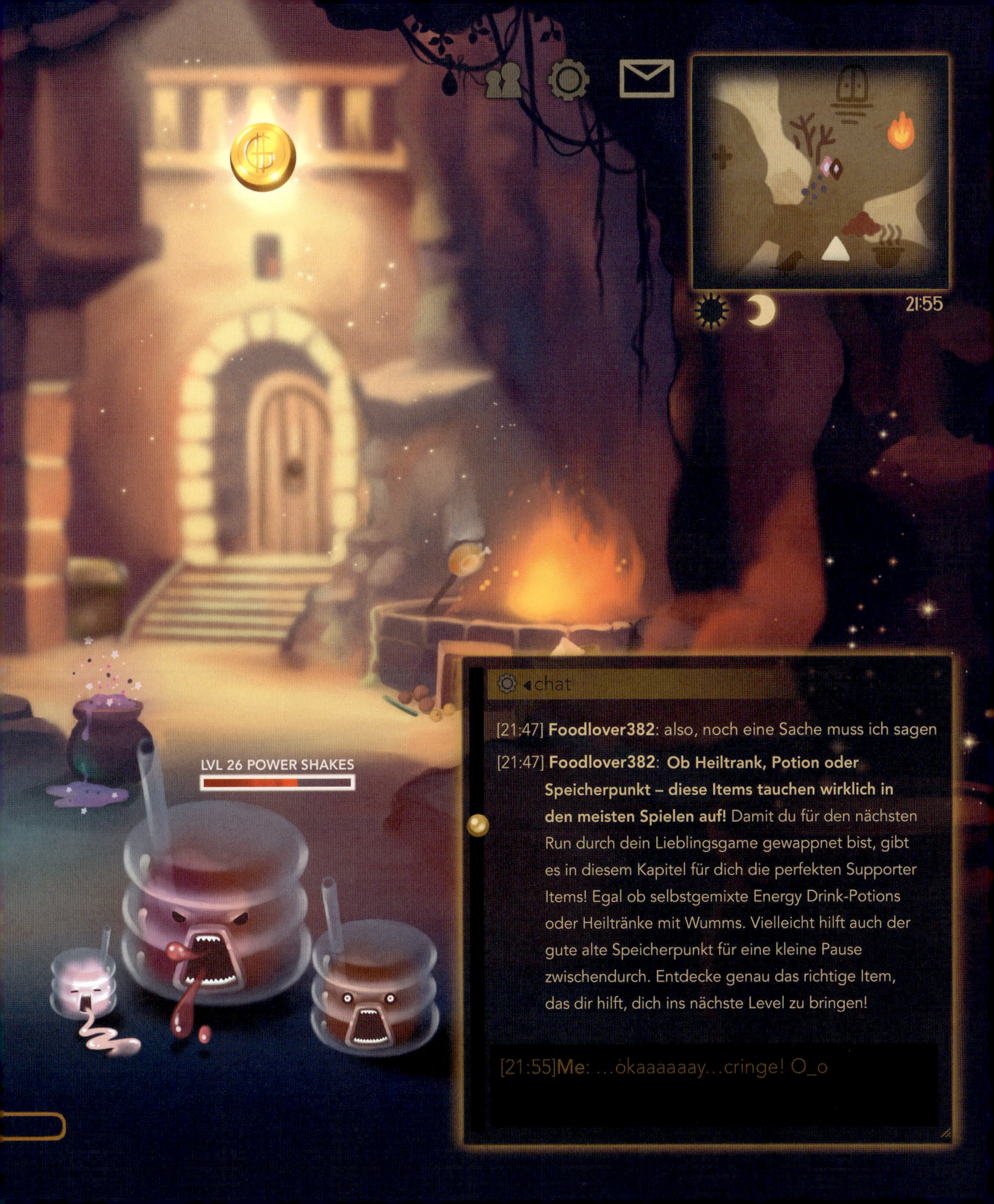
21:55
LVL 26 POWER SHAKES
chat
[21:47] **Foodlover382**: also, noch eine Sache muss ich sagen
[21:47] **Foodlover382**: **Ob Heiltrank, Potion oder Speicherpunkt – diese Items tauchen wirklich in den meisten Spielen auf!** Damit du für den nächsten Run durch dein Lieblingsgame gewappnet bist, gibt es in diesem Kapitel für dich die perfekten Supporter Items! Egal ob selbstgemixte Energy Drink-Potions oder Heiltränke mit Wumms. Vielleicht hilft auch der gute alte Speicherpunkt für eine kleine Pause zwischendurch. Entdecke genau das richtige Item, das dir hilft, dich ins nächste Level zu bringen!
[21:55]**Me:** ...okaaaaaay...cringe! O_o

HEILTRANK

Fühlst du dich ausgelaugt und am Ende deiner HP? Dann erfrische dich mit diesem köstlichen Heiltrank! Ein richtiger Vitamin Boost. Die ganz Wagemutigen probieren mit ihrer Gruppe auch gerne mal den Heiltrank mit Wumms. Besonders auf einer Party nach einer erfolgreichen Mission.

FÜR 2 DRINKS à 250 ml:

200 ml	PINK GUAVE-NEKTAR
150 ml	DRACHENFRUCHT-MEHRFRUCHTSAFT-GETRÄNK (ERSATZWEISE ERDBEERSAFTGETRÄNK)
100 ml	KIRSCHNEKTAR
50 ml	RHABARBERSAFTGETRÄNK
	EISWÜRFEL

1. Alle Säfte miteinander mischen. Mit Eiswürfeln in einem Glas servieren. Für den richtigen Effekt kann der Heiltrank auch in kleinen, bauchigen Fläschchen serviert werden. Dafür empfiehlt sich Crushed Ice (gestoßenes Eis, gibt es auch fertig zu kaufen), damit es durch den Flaschenhals passt. Oder aus den Fläschchen in ein Glas mit Eiswürfeln füllen.

HEILTRANK MIT WUMMS

Dieser Heiltrank regeneriert kurzfristig stark deine HP, verringert aber die Ausdauer. Es besteht eine geringe Möglichkeit für den Debuff „Kopfschmerz" am nächsten Morgen.

FÜR 2 DRINKS à 300 ml:

200 ml	PINK GUAVE-NEKTAR
150 ml	DRACHENFRUCHT-MEHRFRUCHTSAFT-GETRÄNK (ERSATZWEISE ERDBEERSAFTGETRÄNK)
100 ml	KIRSCHNEKTAR
50 ml	RHABARBERSAFTGETRÄNK
75 ml	KORN
	EISWÜRFEL

1. Alle Säfte und den Korn miteinander mischen. Mit Eiswürfeln in einem Glas servieren. Für den richtigen Effekt kann der Heiltrank auch in kleinen, bauchigen Fläschchen serviert werden. Dafür empfiehlt sich Crushed Ice, damit es durch den Flaschenhals passt. Oder aus den Fläschchen in ein Glas mit Eiswürfeln füllen.

HEILTRANK
EINKAUFSLISTE

MANATRANK

Nach einem langen Abend geht die Konzentration wieder zur Neige? Stärke deine Mana-Anzeige doch mit diesem herrlichen Manatrank! Unter den Magieklassen weit verbreitet kann diese Erfrischung deine Sinne wieder schärfen.

FÜR 2 DRINKS à 250 ml:

200 ml	WEIßER TRAUBENSAFT
150 ml	LYCHEENEKTAR (ALTERNATIV: 2 EL LYCHEE-SIRUP + 150 ml WASSER)
100 ml	BIRNENNEKTAR
50 ml	BANANENNEKTAR
1 TL	BLAUES SPIRULINAPULVER (ALTERNATIV: BLAUE LEBENSMITTELFARBE)

1. Alle Säfte miteinander mischen. Das blaue Spirulinapulver mit einem Schneebesen einrühren, bis man keine Klümpchen mehr sieht. Mit Eiswürfeln servieren. Wollt ihr den Manatrank stylish in einem Fläschchen anrichten, eignet sich am besten Crushed Ice.

MANATRANK MIT BUMMS

Manch eine Magieklasse scheut sich nicht vor haltlosen Experimenten, um eine gewisse Leistungssteigerung der Elixiere zu bewirken. Auch dieses Rezept gehört zu diesen Versuchen. Ob das Mana davon wieder steigt sei dahingestellt, aber bei Konsum einer großen Menge wird auf jeden Fall das Tanzbein lockerer.

FÜR 2 DRINKS à 300 ml:

200 ml	WEIßER TRAUBENSAFT
150 ml	LYCHEENEKTAR (ALTERNATIV: 2 EL LYCHEE-SIRUP + 150 ml WASSER)
100 ml	BIRNENNEKTAR
50 ml	BANANENNEKTAR
75 ml	WODKA
1 TL	BLAUES SPIRULINAPULVER (ALTERNATIV: BLAUE LEBENSMITTELFARBE)

1. Alle Säfte und den Wodka miteinander mischen. Das blaue Spirulinapulver mit einem Schneebesen einrühren, bis man keine Klümpchen mehr sieht. Um den Manatrank im Fläschchen zu servieren, empfiehlt sich Crushed Ice, damit es durch den Flaschenhals passt. Du kannst das magische Elixier auch in ein Glas mit Eiswürfeln füllen.

EINKAUFSLISTE

NEXT-LEVEL POWER SHAKES

Egal ob du beim Zocken keine Zeit fürs Kochen hast und dir schnell den sättigenden Erdbeer-Cheesecake Power Shake gönnst (auch nice zum Frühstück), oder du mitten im Raid einen Wachmacher brauchst – der schnelle Energy Drink kann easy am PC getrunken werden. Die Luxusvariante mit Karamell, Schoko und Erdnuss mit dem „Extra-Kick an wach" kannst du dir bei einer langen Nacht als Bonus gönnen!

ERDBEER-CHEESECAKE POWER SHAKE

FÜR 4 GLÄSER à 200 ml:

250 g	ERDBEEREN
300 g	FRISCHKÄSE, NATUR
5 EL	HONIG
1 Pkg.	VANILLEZUCKER (8 g)
100 g	ZARTE HAFERFLOCKEN
200 ml	MILCH

1. Milch, Honig, Frischkäse, Vanillezucker, Haferflocken und Erdbeeren in einen Mixer geben. Alles mixen, bis ein gleichmäßiger Shake entstanden ist. In die Gläser füllen. Tipp: Wer einen leistungsstarken Mixer hat, kann auch tiefgekühlte Erdbeeren nehmen und bekommt einen sehr erfrischenden Shake! Zudem sind Tiefkühl-Erdbeeren das ganze Jahr verfügbar.

SCHNELLER ENERGY DRINK

FÜR 2 GLÄSER à 300 ml:

100 ml	PFIRSICHNEKTAR
200 ml	ANANASNEKTAR
300 ml	KIRSCHNEKTAR
1 TL	GUARANAPULVER

1. Die Säfte miteinander mischen. Das Guaranapulver hinzugeben und mit einem Schneebesen rühren, bis es sich aufgelöst hat. In die Gläser gießen und genießen.

BONUSRUNDE LUXUS-ENERGY SHAKE

FÜR 2 GLÄSER à 250 ml:

100 g	CREMIGE ERDNUSSBUTTER
3 EL	KARAMELLSOßE (DESSERTSOßE)
200 g	VANILLEEIS
2 EL	BACK-KAKAO
200 ml	MILCH
1 TL	GUARANAPULVER

1. Milch, Vanilleeis, Karamellsoße, Erdnussbutter, Back-Kakao und Guaranapulver in einen Mixer füllen und mixen, bis ein Shake entstanden ist. In Gläser füllen und direkt genießen.

ACHTUNG

GUARANAPULVER ENTHÄLT KOFFEIN. DIE AUFPUTSCHENDE WIRKUNG DES GUARANAPULVERS TRITT ZUMEIST NACH 30–45 MINUTEN EIN. ANGABEN ÜBER DIE MAXIMALMENGE PRO TAG AUF DER PACKUNG BEACHTEN!

EINKAUFSLISTE

DUBIOSE MASSE

Tief in den Dungeons ist es schwer, an frische Lebensmittel zu kommen. So manch ein Abenteurer greift daher dort auf die Flora und Fauna beim Kochen zurück. Obwohl manch ein Kritiker dieses Gericht aufgrund der dubiosen Farbe verschmähen würde, so hat es sich unter den Abenteurern doch als wohlschmeckender Sattmacher herumgesprochen.

DUBIOSE LUXUSMASSE

250 g	BLAUBEEREN
200 ml	MILCH
400 g	SAHNE
90 g	WEICHWEIZENGRIEẞ
80 g	ZUCKER
1 Pkg.	BOURBON-VANILLEZUCKER (8 g)

1. Blaubeeren waschen. Beeren und Milch in einen Topf geben. Mit einem Pürierstab mixen, bis die Blaubeeren vollständig zerkleinert sind. Sahne, Zucker und Vanillezucker mit in den Topf geben.

2. Den Topf erhitzen und Milch-Mix zum Kochen bringen. Weichweizengrieß direkt mit einem Schneebesen einrühren und den Grießbrei unter ständigem Rühren 3 Minuten köcheln lassen. Dann auf 4 Schälchen aufteilen. Warm oder kalt genießen. Nach Belieben mit Toppings (siehe unten) verzieren.

DUBIOSE FRÜHSTÜCKSMASSE

100 g	ZARTE HAFERFLOCKEN
500 ml	BUTTERMILCH
250 g	BLAUBEEREN
7–8 EL	HONIG

1. Die Blaubeeren waschen und in einem hohen Gefäß zu Mus mixen.

2. Blaubeermus mit Buttermilch, Honig und Haferflocken in einem Topf mischen und erhitzen. Auf mittlerer Stufe ca. 10 Minuten köcheln lassen. Dabei öfter rühren, damit nichts am Topfboden anbrennt und nichts auf die Herdplatte spritzt. Nochmal abschmecken und nach Geschmack ggf. etwas Honig ergänzen. Auf Schalen verteilen und pur genießen oder noch mit Toppings aufwerten.

TOPPING IDEEN (FÜR JEWEILS 4 PORTIONEN):

75 g	gehackte Walnusskerne
100 g	gehackte weiße Schokolade
250 g	Beeren nach Wahl
60 g	Kokosraspeln
80 g	Krokant
	Nussmus (z. B. Erdnussmus, Sesammus oder Mandelmus)
	Karamellsoße
	Zimt und Zucker

EINKAUFSLISTE

HERZHAFTE LEVEL UP SÜẞKARTOFFEL-HIRTENKÄSE-CUPCAKES

Du brauchst ein Level Up? Dann vergiss die herkömmlichen Cupcake-Rezepte und probiere diese herzhaften Snacks aus! Herzhaft statt süß kann dir eine ganz neue Perspektive verschaffen!

FÜR 12 STÜCK:

FÜR DEN TEIG:

500 g	SÜẞKARTOFFELN
300 g	MEHL
200 g	HIRTENKÄSE
5	EIER
50 ml	RAPS- ODER SONNENBLUMENÖL
1 TL	GERIEBENER INGWER
1 TL	SALZ
2 TL	BACKPULVER

FÜR DIE CREME:

2	REIFE AVOCADOS
200 g	FRISCHKÄSE, DOPPELRAHMSTUFE
2 EL	HONIG
½	ZITRONE
1 Prise	SALZ, PFEFFER

EINE MUFFINFORM MIT 12 MULDEN
GGF. PAPIERMUFFINFÖRMCHEN

OPTIONAL ZUR DEKO:

3 TL	KERNE EINES GRANATAPFELS
	FRISCHE THYMIANBLÄTTER

1. **Für den Teig:** Die Süßkartoffeln schälen und in Stücke schneiden. In einem Topf mit Wasser zum Kochen bringen und ca. 15 Minuten kochen, bis sie gar und weich sind. Abgießen.

2. Den Backofen auf 180 °C Ober-/Unterhitze vorheizen. Die Süßkartoffeln mit einem Kartoffelstampfer zu Mus zerdrücken und etwas abkühlen lassen. Mehl, Öl, Eier, Ingwer, Salz und Backpulver hinzugeben und alles zu einem Teig verrühren. Den Hirtenkäse in kleine Würfel schneiden und unter den Teig rühren.

3. Die Muffinform ggf. einfetten oder die Papierförmchen hineinsetzen. Den Teig auf die 12 Mulden verteilen und auf mittlerer Schiene in den Ofen schieben. Für 25 Minuten backen. Aus dem Ofen nehmen und abkühlen lassen.

5. **Für die Creme:** Avocados aus der Schale trennen, Kern entfernen und in eine Schüssel geben. Mit einer Gabel so gut wie möglich zerdrücken. Frischkäse, Honig, Saft einer halben Zitrone und etwas Salz und Pfeffer hinzugeben und alles mit einem Handrührgerät zu einer Creme mixen.

4. Die Creme mit einem Spritzbeutel oder einem Löffel auf die Muffins geben. Nach Belieben mit Granatapfelkernen und/oder frischen Thymianblättern verzieren oder direkt vernaschen.

LEVEL
UP
EINKAUFSLISTE

SPEICHERPUNKT-PUDDINGS

Du bist auf der Suche nach einem passenden Snack für eine Pause? Dann sind diese Puddings genau das Richtige! Bereite sie vor dem Zocken zu und du kannst sie jederzeit in deiner wohlverdienten Pause vernaschen.

HASELNUSS-VANILLE PUDDING

FÜR 4 PORTIONEN:

HASELNUSS-SCHICHT:

1	EIGELB
40 g	ZUCKER
30 g	SPEISESTÄRKE
400 ml	MILCH
200 g	NUSS-NOUGAT-CREME

VANILLE-SCHICHT:

1	EIGELB
70 g	ZUCKER
1 Pkg.	BOURBON-VANILLEZUCKER (8 g)
30 g	SPEISESTÄRKE
1	VANILLESCHOTE
400 ml	MILCH

1. **Für die Nuss-Schicht:** Eigelb mit dem Zucker in einer Schüssel mit einem Handrührgerät mixen, bis eine helle Creme entstanden ist. Die Creme mit der Speisestärke und 4 EL der Milch nochmals mixen, bis keine Klümpchen mehr zu sehen sind.

2. Nuss-Nougat-Creme und restliche Milch in einen kleinen Topf geben. Mit einem Schneebesen unter ständigem Rühren zum Kochen bringen. Sobald die Nuss-Milch kocht, vom Herd nehmen und unter Rühren Ei-Mix einfließen lassen.

3. Dann nochmals kurz unter Rühren auf den Herd stellen und aufkochen, sobald die ersten Blasen zu sehen sind, direkt vom Herd nehmen und auf 4 Dessertschalen aufteilen.

4. **Für die Vanille-Schicht:** Eigelb mit Zucker und dem Bourbon-Vanillezucker in einer Schüssel mit einem Handrührgerät mixen, bis eine helle Creme entstanden ist. Die Creme mit der Speisestärke und 4 EL der Milch nochmals mixen, bis keine Klümpchen mehr zu sehen sind.

5. Vanilleschote aufschneiden und Mark auskratzen. Restliche Milch mit der Vanilleschote und dem Vanillemark in einen Topf geben und zum Kochen bringen. Sobald die Milch kocht, die Schote rausfischen und den Topf vom Herd nehmen.

6. Mit einem Schneebesen unter ständigem Rühren den Ei-Mix in den Topf fließen lassen und gut mischen. Dann nochmals kurz unter Rühren auf den Herd stellen und aufkochen. Sobald die ersten Blasen zu sehen sind, direkt vom Herd nehmen und auf die Haselnuss-Schicht in den Dessertschalen verteilen.

ERDBEER-LIMETTEN PUDDING

600 g	GEFRORENE ERDBEEREN
400 g	SAHNE
2	EIGELB
200 g	ZUCKER
50 g	SPEISESTÄRKE
5 EL	MILCH
	GERIEBENE SCHALE EINER HALBEN BIO-LIMETTE

1. Erdbeeren und Sahne in einen Topf geben und erhitzen, bis die Erdbeeren aufgetaut sind. Vom Herd nehmen und mit einem Pürierstab mixen, bis keine Stücke mehr zu sehen sind.

2. In eine Schale Eigelb und Zucker geben und mit einem Handrührgerät mixen, bis das Ei etwas heller geworden ist. Milch und Speisestärke in die Schale geben und alles nochmal mixen, bis man keine Klümpchen mehr sieht.

3. Limettenschale zum Erdbeer-Sahne-Mix in den Topf geben und den Inhalt erneut zum Kochen bringen. Sobald es kocht, vom Herd nehmen und Ei-Zucker-Mix mit einem Schneebesen unter schnellem Rühren in den Erdbeer-Mix fließen lassen. Alles gut mischen. Dann nochmal auf den Herd stellen und zum Kochen bringen. Sobald die ersten Blasen zu sehen sind, direkt runternehmen und auf 4 Dessertschalen verteilen.

EINKAUFSLISTE

GOLDSTÜCKE IN DER LOOTBOX

Eines braucht man in fast jedem Game und das ist Geld! Egal in welcher Währung, als Belohnung warten die goldenen Münzen oder Scheinchen auf dich. Warum also nicht mal deine eigene Belohnung backen? Diese zuckersüßen Taler mit Zimt und Karamell nehmen die Meisten sicherlich gerne an!

FÜR ca. 40 STÜCK:

TEIG:

380 g	MEHL
200 g	WEICHE BUTTER
200 g	ZUCKER
2	EIER
1 Prise	SALZ
3 TL	ZIMT

FÜR DEN KARAMELL-GUSS:

250 g	SAHNE-TOFFEE-BONBONS
50 g	BUTTER
50 g	SCHOKOLADE MIT 70 % KAKAOANTEIL

1. **Für den Teig:** Mehl, Butter, Zucker, Eier und Salz zu einem Teig kneten. Den Teig zu einer Kugel formen, in Frischhaltefolie wickeln und 1 Stunde im Kühlschrank ruhen lassen.

2. Den Teig auf einem Stück Backpapier ausrollen. Darauf überall gleichmäßig den Zimt verteilen. Den Teig von einer Seite so aufrollen, dass eine lange Schnur entsteht. Die Teigschnur in 1 cm breite Stücke schneiden, sodass runde Taler entstehen, die auf der Oberfläche wie eine Schnecke aussehen.

3. Die Kekse auf ein mit Backpapier belegtes Blech legen und bei 180 °C Ober-/Unterhitze 12–15 Minuten backen. Aus dem Ofen nehmen und komplett abkühlen lassen.

4. **Für den Guss:** Die Sahne-Toffees klein schneiden. In einen Topf füllen, Butter hinzugeben und bei niedriger bis mittlerer Hitze erwärmen. Dabei oft umrühren, damit nichts anbrennt.

5. Sobald keine Stücke mehr zu sehen sind vom Herd nehmen. Etwas Guss auf einen Teelöffel füllen, einen Keks damit bestreichen und mit dem Löffelrücken leicht auf dem Keks verteilen. Die bestrichenen Kekse am besten auf einem Stück Backpapier ablegen und den Guss komplett abkühlen lassen.

6. Die Schokolade im Wasserbad schmelzen und in einen Spritzbeutel mit sehr kleiner Öffnung füllen (alternativ einen Zahnstocher zum Aufmalen verwenden). Nach Belieben ein Währungssymbol auf eure Goldstücke malen. Schokolade fest werden lassen und Goldstücke genießen.

EINKAUFSLISTE

Spieleabend

Egal ob zusammen an der Konsole, bei einer Lan-Party oder Gesellschaftsspielen – mit Freunden zusammen macht das Gaming einfach Spaß!

Damit ihr den perfekten Boost für eure Abenteuer, Schlachtfelder oder kniffligen Rätsel habt, erwarten euch in diesem Kapitel köstliche Kleinigkeiten, die super zum Teilen und einfach zu essen sind!

OVERKILL-ORANGE-CHICKEN-CUPS

Fruchtig-herzhafte Teilchen zum Teilen und Genießen. Egal ob frisch aus dem Ofen direkt zur Spielerunde an den Tisch oder schon vorbereitet als kalter Snack zwischendurch.

FÜR 12 STÜCK:

1 PORTION SELBSTGEMACHTER FLAMMKUCHENTEIG (SIEHE UNTEN)

400 g	FRISCHES HÄHNCHENBRUSTFILET
3 EL	SPEISESTÄRKE
4	FRÜHLINGSZWIEBELN
1 EL	RAPS- ODER SONNENBLUMENÖL
100 g	CRÈME FRAÎCHE

FÜR DIE SOßE:

2 cm	INGWERSTÜCK
2	KNOBLAUCHZEHEN
2	BIO-ORANGEN
2 EL	TAFELESSIG
3 EL	SOJASOßE
100 g	ZUCKER
1 EL	SPEISESTÄRKE
1 Prise	SALZ

SELBSTGEMACHTER FLAMMKUCHENTEIG:

300 g	MEHL
150 ml	WASSER
3 EL	RAPSÖL
1 Prise	SALZ

1 MUFFINBLECH MIT 12 MULDEN

1. **Für den Teig:** Die Zutaten für den Flammkuchenteig mischen und zu einem Teig kneten. In 12 gleich große Stücke teilen und jedes davon rund ausrollen. Die Mulden im Muffinblech gegebenenfalls einfetten und jede Mulde mit einem ausgerolltem Stück Teig auslegen. Überstehende Ränder entfernen.

2. **Für die Soße:** Ingwer und Knoblauch schälen und hacken. Eine Orange heiß abwaschen und abtrocknen. Die Hälfte der Schale einer Orange abreiben und beide Orangen auspressen. Orangenabrieb, Orangensaft, Ingwer, Knoblauch, Tafelessig, Sojasoße, Zucker, Salz und 1 EL Speisestärke in einer Schale mischen.

3. Weißen und hellgrünen Teil der Frühlingszwiebel in 1 cm lange Stücke schneiden. Dunkelgrüne Teile aufbewahren.

4. Hähnchenbrustfilet in mundgerechte Stücke schneiden. Das Fleisch in einer Schale mit 3 EL Speisestärke mischen, bis es überall von Speisestärke bedeckt ist.

5. Eine Pfanne erhitzen. Das Öl und das Fleisch in die Pfanne geben und von allen Seiten gut anbraten. Weiße und hellgrüne Frühlingszwiebelstücke hinzugeben und nochmal kurz mitbraten.

6. Die angerührte Soße nochmals umrühren und dann in die Pfanne geben. Die Soße zum Kochen bringen und köcheln lassen, bis sie dickflüssig ist. Anschließend vom Herd nehmen.

7. Jeweils 1 TL Crème fraîche in jede Muffinmulde auf den Teig geben und am Boden etwas verstreichen. Die Orangen-Füllung auf alle Mulden verteilen. Im Backofen bei 180 °C Ober-/Unterhitze ca. 20 Minuten backen. Aus dem Ofen nehmen und etwas abkühlen lassen. Die restlichen Teile der Frühlingszwiebel in dünne Ringe schneiden und auf den Snacks verteilen. Schmecken warm und kalt.

CHEATER HACK

KEINE ZEIT ODER LUST DEN TEIG SELBER ZU MACHEN? DU KANNST DAFÜR AUCH EINE ROLLE FERTIGEN FLAMMKUCHENTEIG MIT ca. 260 g NEHMEN.

VEGGIE-MODUS

100 g	GROBE SOJASCHNETZEL STATT HÄHNCHENBRUSTFILET
1 TL	GEMÜSEBRÜHPULVER
3 EL	SOJASOßE
500 ml	WASSER

+ ÜBRIGE ZUTATEN VON OBEN

1. Kochendes Wasser, Gemüsebrühe, Sojasoße und Sojaschnetzel in eine Schale geben und 10 Minuten quellen lassen. Wasser abgießen und die Schnetzel eventuell etwas ausdrücken (Achtung heiß! Ggf. erst abkühlen lassen). Mit Schritt 1–3 des Rezepts wie oben beschrieben fortfahren.

2. Die Sojaschnetzel mit 3 EL Speisestärke in einer Schale mischen. Eine Pfanne erhitzen. Das Öl und die Schnetzel in die Pfanne geben und von allen Seiten gut anbraten. Frühlingszwiebelstücke hinzugeben und nochmal kurz mitbraten. Mit Schritt 6 und 7 des Rezepts oben fortfahren.

1 LP
Lebenspunkte
ELÉMONS
ELÉMONS
1 LP
1 LP
NUTZLOSES HOLZ
FLUCH
FEUERELLA
EINKAUFSLISTE

HANDLICHER HELDENSCHMAUS

Der Tisch ist voller Spielmaterial, aber du möchtest ein vollwertiges Mahl für euch vorbereiten? Unmöglich? Nicht mit dem handlichen Heldenschmaus! Egal ob to go auf einer Serviette oder mit einer Gabel. Die andere Hand bleibt frei. Ein ganzes Gericht easy zubereitet.

FÜR 1 QUICHEFORM MIT 29 cm DURCHMESSER:

180 g	BASMATIREIS
100 g	ZUCKERSCHOTEN
½	STANGE LAUCH
400 g	HÄHNCHEN-MINUTEN-SCHNITZEL
5 EL	SOJASOSSE
4 EL	ZUCKER
1	ROLLE BLÄTTERTEIG AUS DEM KÜHLREGAL à 275 g (40 × 25 cm)
125 g	GERIEBENEN MOZZARELLA AUS DER PACKUNG
10	EIER
½ TL	SALZ
5 EL	WEIẞWEIN (ALTERNATIV WEIẞER TRAUBENSAFT)
1 Prise	PFEFFER
ETWAS	SPEISEÖL

CHILI-MAYO:

5 EL	MAYONNAISE
2 TL	SRIRACHA CHILISOẞE
1 TL	ZUCKER
2 TL	LIMETTENSAFT

1. Den Reis waschen und nach Packungsanleitung gar kochen. Von den Zuckerschoten die Enden abschneiden und die Schoten in Stücke schneiden. Lauch in kleine Stücke schneiden.

2. Hähnchenfleisch in sehr kleine Stücke schneiden. Sojasoße und Zucker in einer kleinen Schale mischen. Das Hähnchenfleisch in einer Pfanne anbraten, Sojasoßen-Zucker hinzugeben und alles unter Rühren kochen, bis die Soße etwas andickt. Vom Herd nehmen und beiseitestellen.

3. Die Quicheform ggf. etwas einfetten. Den Blätterteig ausrollen und in die Form legen. Rand abtrennen. Sollte in der Form an einer Stelle ein Stück Blätterteig fehlen, einfach etwas vom abgetrennten Rand nehmen und das Loch füllen.

4. Den gekochten Reis auf dem Blätterteig flach ausbreiten und verteilen. Das Sojasoßen-Fleisch gleichmäßig auf dem Reis verteilen. Darauf die Zuckerschoten- und Lauchstücke verteilen. Den Mozzarella gleichmäßig drüberstreuen.

5. Die Eier mit dem Salz, Pfeffer und Weißwein verquirlen. Die Eiermasse vorsichtig mit einem Löffel überall komplett über die Quiche geben. Bei 180 °C Ober-/Unterhitze ca. 50–60 Minuten in den Backofen stellen.

6. Zutaten für die Chili-Mayo mischen und nach Belieben über die Quiche-Stücke geben.

Die Quiche kann warm oder kalt genossen werden. Absolut köstlich!

VEGGIE-MODUS

150 g	GROBE SOJASCHNETZEL STATT HÜHNERFLEISCH
500 ml	GEMÜSEBRÜHE
2 EL	SOJASOẞE
2 EL	BUTTER

\+ ÜBRIGE ZUTATEN VON OBEN

1. Kochende Gemüsebrühe, Sojaschnetzel und Sojasoße in eine Schale geben und 10 Minuten quellen lassen. Wasser abgießen und Schnetzel etwas ausdrücken. Schritt 1 vom Rezept oben zubereiten.
2. 4 EL Zucker und 5 EL Sojasoße in einer kleinen Schale mischen. Gequollene Sojaschnetzel in einer erhitzten Pfanne in 2 EL Butter anbraten. Sojasoßenmix hinzugeben und kurz mitkochen, bis die Soße angedickt ist und an den Schnetzeln haften bleibt. Vom Herd nehmen.
3. Mit Schritt 3–6 vom Rezept oben fortfahren, Hühnerfleisch durch Sojaschnetzel dabei ersetzen.

EINKAUFSLISTE

FRUCHTIG-HERZHAFTER BAGUETTE-SNACK DER SPIELERUNDE

Diese luxuriösen Häppchen sind perfekt für jeden Spieleabend. Egal ob heiß oder kalt, vorbereitet oder frisch. Sie bieten ein wahres Festmahl in handlicher Form.

FÜR 18 STÜCK:

500 g	GEMISCHTES HACKFLEISCH
1	EI
1 TL	THYMIAN
1	AUFBACK-BAGUETTE (ca. 250 g, NICHT TIEFGEKÜHLT)
250 g	MASCARPONE
2 TL	ZWIEBELPULVER
1 EL	SCHNITTLAUCHRÖLLCHEN (TIEFGEKÜHLT)
1 Prise	SALZ, PFEFFER
30 g	GERIEBENER PARMESAN
100 g	PREISELBEEREN AUS DEM GLAS

FÜR DIE KRÄUTERBUTTER:

50 g	WEICHE BUTTER
1 EL	GEHACKTE PETERSILIE (TIEFGEKÜHLT)
1 Prise	SALZ

1. Alle Zutaten für die Kräuterbutter mischen. Das Baguette in 18 Scheiben plus 2 Endstücke schneiden.

2. Das Hackfleisch mit dem Ei, 1 TL Thymian und etwas Salz und Pfeffer in eine Schüssel geben. Die Endstücke vom Baguette in kleine Stücke reißen oder schneiden und zu dem Hackfleisch geben. Alles zu einem Teig mischen. Aus dem Teig 36 kleine, gleich große Hackbällchen formen.

3. Den Backofen auf 180 °C vorheizen. Eine Pfanne erhitzen. Hackbällchen von allen Seiten anbraten. Mascarpone, Zwiebelpulver, Schnittlauch und etwas Salz und Pfeffer hinzugeben und alles gut mischen, kurz mitbraten lassen und dann vom Herd nehmen.

4. Die Kräuterbutter auf allen Baguettescheiben gleichmäßig verstreichen. Die Baguettescheiben auf ein mit Backpapier belegtes Blech legen und im Ofen 10 Minuten bei 180 °C backen. Blech aus dem Ofen nehmen, diesen aber anlassen.

5. Die mit der Butter bestrichene Seite der Baguettescheiben mit einem Löffelrücken etwas eindrücken, sodass in jeder Scheibe eine Kuhle entsteht. In jede Vertiefung jeweils 2 Hackbällchen setzen, sodass die Brotscheiben gefüllt sind. Den Parmesan gleichmäßig über alle Snacks streuen und das Blech nochmals 10 Minuten in den Backofen stellen und alles überbacken.

6. Aus dem Backofen nehmen, anrichten und jeden Snack auf den Hackbällchen mit ein paar Preiselbeeren aus dem Glas garnieren. Warm oder kalt genießen.

VEGGIE-MODUS

1 Dose	KICHERERBSEN (400 g, 265 g ABTROPFGEWICHT) STATT HACKFLEISCH
1 EL	RAPS- ODER SONNENBLUMENÖL

+ ÜBRIGE ZUTATEN VON OBEN

1. Alle Zutaten für die Kräuterbutter mischen. Den Backofen auf 180 °C Ober-/Unterhitze vorheizen. Das Baguette in 18 Scheiben plus 2 Endstücke schneiden.

2. Kichererbsen mit klarem Wasser spülen und abtropfen lassen. Eine Pfanne erhitzen. Öl und Kichererbsen in die Pfanne geben und kurz anbraten. Mascarpone, Zwiebelpulver, Schnittlauch und etwas Salz und Pfeffer hinzugeben und alles gut mischen, kurz mitbraten lassen und dann vom Herd nehmen.

3. Mit Schritt 4–6 wie oben beschrieben fortfahren. Anstatt der Hackbällchen die Kichererbsen gleichmäßig auf den Baguettescheiben verteilen.

ESCAPE NOW!
NOT LATER!
EINKAUFSLISTE

KÖNIGSMACHER KÄSE-KRÄUTER-RÖLLCHEN

Frische Kräuter, knusprige Nüsse und viiiiiel Käse machen diese kleinen Röllchen zu einem tollen Snack für deinen Spieleabend. Man kann sie leicht anfassen und sowohl heiß als auch kalt genießen.

FÜR 36 STÜCK:

250 g	CAMEMBERT-KÄSE
80 g	WALNUSSKERNE
1	ZWIEBEL
100 g	CHERRYTOMATEN
6	WEIZEN-TORTILLA WRAPS (372 g, 62 g JE WRAP)
250 g	GERIEBENER MOZZARELLA
1 EL	RAPS- ODER SONNENBLUMENÖL
1 Prise	SALZ, PFEFFER

FÜR DIE SOßE:

1 Bund	KRAUSE PETERSILIE (ca. 20 g)
1 Bund	BASILIKUM (ca. 20 g)
125 g	BABYSPINAT
400 g	SAHNE-SCHMELZKÄSE
1 Prise	SALZ, PFEFFER

KNOBLAUCH-MAYO-DIP:

1	KNOBLAUCHZEHE
150 g	MAYONNAISE
1 Prise	SALZ, PFEFFER, ZUCKER

1. Camembert in kleine Würfel schneiden. Walnusskerne grob hacken. Zwiebel schälen und in kleine Würfel schneiden. Cherrytomaten in kleine Stücke schneiden.

2. Petersilie, Basilikum, Babyspinat und Schmelzkäse in eine Schüssel geben. Mit einem Pürierstab mixen, bis eine Soße entstanden ist. Mit ½ TL Salz und einer Prise Pfeffer würzen.

3. Wraps einzeln ausbreiten. Jeden Wrap bis zum Rand mit 2 EL Soße bestreichen. Camembertwürfel, gehackte Walnusskerne, Zwiebelwürfel und Cherrytomatenstücke auf die Wraps aufteilen und gleichmäßig auf ihnen verteilen. Alle Wraps mit geriebenem Mozzarella bestreuen und aufrollen.

4. Die Enden der Wraps nach Belieben abschneiden (so sehen später alle Stücke gleich aus). Jede Wrap-Rolle in ca. 4 cm breite Stücke schneiden. Insgesamt 6 Stücke pro Wrap.

5. Ein Backblech mit Backpapier auslegen. Die Röllchen dicht aneinander auf das Backblech setzen, so können sie nicht aufgehen.

6. Die Röllchen bei 180 °C Ober-/Unterhitze für 15 Minuten backen. Währenddessen den Dip zubereiten.

7. **Für die Knoblauch-Mayo:** Knoblauchzehe fein reiben und mit Mayonnaise sowie 1 Prise Salz, Prise Pfeffer und Prise Zucker mischen.

8. Röllchen vorsichtig vom Backblech nehmen und mit Dip servieren. Wenn sie abkühlen, werden sie etwas fester.

EINKAUFSLISTE

KILL STEAL KNUSPER-SANDWICH-TASCHEN

Knusprig-herzhaft gefüllte Taschen mit einer Sweet Chilisoße.
Perfekt für eine verdiente Pause.

FÜR 6 STÜCK:

5	EIER
3 EL	MAYONNAISE
1 EL	SAHNE
½ TL	ZUCKER
½ TL	SALZ
1	ROLLE BLÄTTERTEIG AUS DEM KÜHLREGAL (275 g)
6	SCHEIBEN CHEDDAR-KÄSE
3	SCHEIBEN KOCHSCHINKEN
60 g	PANKO

SWEET CHILISOẞE:

3	CHILISCHOTEN
2	KNOBLAUCHZEHEN
2 cm	INGWERSTÜCK
200 ml	WASSER
100 ml	TAFELESSIG
200 g	ZUCKER
½ TL	SALZ
2 EL	SOJASOẞE
1 EL	SPEISESTÄRKE

1. Drei der Eier hart kochen. Eier in kleine Würfel schneiden und in eine Schale füllen. Mayonnaise, Sahne, Salz und Zucker hinzugeben und alles zu einem Eiersalat verrühren. Den Schinken in Würfel schneiden.

2. Den Backofen auf 180 °C Ober-/Unterhitze vorheizen. Den Blätterteig in 6 gleich große Quadrate schneiden. Auf jedes Quadrat eine Scheibe Käse, Schinkenwürfel und etwas Eiersalat geben. Die Quadrate so umklappen, dass ein gefülltes Dreieck entsteht und der Blätterteig an den Seiten des Dreiecks aufeinanderliegt. Mit einer Gabel die Ränder überall an den Seiten fest zusammendrücken.

3. Die zwei restlichen Eier in einer Schale verquirlen. Das Panko auf einen Teller streuen. Die geschlossenen Taschen erst im Ei und dann im Panko wenden. Auf ein mit Backpapier belegtes Blech legen und auf mittlerer Schiene im Ofen 25 Minuten backen. Pur oder mit Soße servieren.

SWEET CHILISOẞE:

1. Chilischoten waschen und entkernen. Knoblauchzehen und Ingwer schälen. Chilischoten, Knoblauchzehen, Ingwer, Wasser, Tafelessig, Zucker, Salz und Sojasoße in einen Topf geben und mit einem Pürierstab (oder im Mixer) mixen, bis von den Chilischoten nur noch kleine Flocken zu sehen sind.

2. Den Topf auf den Herd stellen und alles zum Kochen bringen. 15 Minuten bei mittlerer Hitze offen köcheln lassen. Die Speisestärke mit 3 EL Wasser in einer kleinen Schale mischen und unter Rühren zur kochenden Soße geben. Kochen, bis es andickt und dann vom Herd nehmen. Direkt verwenden oder in ein Schraubglas abfüllen. Die Soße ist 2–3 Wochen im Kühlschrank haltbar.

VEGGIE-MODUS

1	TOMATE STATT KOCHSCHINKEN

Die Tomate in Würfel schneiden. Das Rezept wie oben beschrieben zubereiten. Anstelle der Schinkenwürfel die Tomatenwürfel verwenden.

EINKAUFSLISTE

PULLED CHICKEN-TASCHEN DES DUNGEONMASTERS

Eurer Gruppe gelüstet es inmitten eures Abenteuers nach einem stärkenden Mahl? Dann bereitet diese saftig gefüllten Taschen vor! Satt könnt ihr euch auch dem nächsten Boss endlich stellen.

FÜR 4 STÜCK:

1	GROßES FLADENBROT (ca. 500 g)
80 g	BUTTER
4–8	BLÄTTER SALAT (SORTE NACH GESCHMACK)

FÜR DIE PULLED CHICKEN-FÜLLUNG:

600 g	HÜHNERBRUSTFILET
2	ZWIEBELN
100 g	MAIS (AUS DER DOSE)
1	BIO-LIMETTE
1	KNOBLAUCHZEHE
150 g	MAYONNAISE
150 g	SWEET CHILISOßE (GEKAUFT ODER SELBSTGEMACHT SIEHE SEITE 54)
1 Prise	SALZ, PFEFFER
2 EL	RAPS- ODER SONNENBLUMENÖL

1. Das Hühnerbrustfilet längs halbieren, sodass z. B. aus 3 Filets 6 dünne Scheiben entstehen. Das Fleisch etwas salzen. Eine Pfanne erhitzen. Das Öl und die Filet-Scheiben in die Pfanne geben und bei mittlerer Hitze von beiden Seiten gar braten. Das gebratene Fleisch in eine Schale geben und mit zwei Gabeln in kleine Stücke auseinanderziehen. Die Pfanne beiseitestellen und nicht säubern.

2. Die Zwiebeln schälen und in Halbringe schneiden. Knoblauchzehe schälen und reiben. Die Limette heiß abwaschen, abtrocknen und die Hälfte der Schale abreiben.

3. Die Zwiebeln in der Pfanne glasig anbraten und zum Fleisch geben. Geriebenen Knoblauch, Limettenabrieb, Mayonnaise, Sweet Chilisoße und Mais mit dazu geben und alles gut mischen. Mit Salz und Pfeffer abschmecken.

4. Salat waschen und trocknen. Das Fladenbrot in vier gleich große Stücke teilen und jedes Viertel zu einer Tasche aufschneiden. Jede Tasche innen von beiden Seiten mit Butter bestreichen. Die Brote auf einen Rost legen und im Backofen bei 150 °C Ober-/Unterhitze ca. 15 Minuten backen. Das Brot aus dem Ofen nehmen, die Salatblätter und Füllung gleichmäßig aufteilen, Taschen damit füllen.

CHEATER HACK

DAMIT ES AM SPIELEABEND SCHNELLER GEHT, KÖNNT IHR DIE FÜLLUNG SCHON VORHER ZUBEREITEN UND ABGEDECKT IM KÜHLSCHRANK AUFBEWAHREN. DANN MÜSST IHR NUR NOCH DAS FLADENBROT ERHITZEN UND FÜLLEN.

VEGGIE-MODUS

PULLED AUBERGINEN-FÜLLUNG:

900 g	AUBERGINEN (ca. 2 STÜCK) STATT HÜHNERBRUSTFILET
5 EL	BUTTER
5 EL	RAPS- ODER SONNENBLUMENÖL

+ ÜBRIGE ZUTATEN VON OBEN

1. Den Stumpf der Auberginen abschneiden, den Rest schälen und in Achtel schneiden. Eine Pfanne erhitzen, Butter und Öl hineingeben, Auberginen salzen und die Spalten von allen Seiten auf mittlerer Hitze braten, bis sie weich und gar sind.

2. Die Auberginen in eine Schale geben und mithilfe von zwei Gabeln in kleinere Stücke reißen. Die Pfanne beiseitestellen und nicht säubern. Mit dem Rezept oben von Schritt 2–4 fortfahren.

EINKAUFSLISTE

AFK ASIA-BURGER

Eines darf bei einem perfekten Spieleabend niemals fehlen und das sind deftige Burger! Probiere doch mal diese ganz neue Version mit einem Hauch von Asien aus. Frisch, knackig und herzhaft.

FÜR 4 STÜCK:

2	KNOBLAUCHZEHEN
8	BLÄTTER CHINAKOHL
2 EL	RAPS- ODER SONNENBLUMENÖL
500 g	RINDERHACKFLEISCH
4	BRIOCHE-BURGERBRÖTCHEN
1 Prise	SALZ, PFEFFER
4 EL	ZUCKER
5 EL	SOJASOẞE
3 EL	SESAMSAMEN
4 EL	KETCHUP
4 EL	MAYONNAISE

FÜR DEN SALAT:

1	GROẞE KAROTTE
¼	SALATGURKE
2 EL	ZUCKER
3 EL	TAFELESSIG
1 Prise	SALZ, PFEFFER

1. **Für den Salat:** Die Karotte schälen. Mit dem Gemüseschäler die Karotte komplett in dünne Scheiben hobeln. Die Scheiben mit einem Messer in kleinere Stücke schneiden und in eine Schüssel geben. Die Gurke in dünne Scheiben schneiden und zu den Karotten geben. Mit Zucker, Tafelessig, Salz und Pfeffer mischen.

2. **Für den gebratenen Chinakohl:** Die Knoblauchzehen schälen und hacken. Den Chinakohl in dünne Streifen schneiden. Eine Pfanne erhitzen. Rapsöl in die Pfanne geben, Knoblauch darin anbraten und Chinakohl hinzugeben. Chinakohl braten, bis der weiße Strunk etwas glasig wird. Mit Salz und Pfeffer würzen und beiseitestellen.

3. **Für die Burger-Patties:** Das Hackfleisch mit Salz und Pfeffer würzen, in 4 gleich große Portionen teilen, zu runden Burger-Patties formen und diese in der Mitte etwas flacher drücken.

4. Zucker, Sojasoße und Sesamsamen in einer Schale mischen. Den Backofen auf 50 °C Ober-/Unterhitze stellen und die Burgerbrötchen darin aufwärmen. Eine Pfanne erhitzen, die Burger-Patties darin auf mittlerer Hitze gar braten. Sojasoßen-Zucker-Mix mit in die Pfanne geben und nochmals 2 Minuten köcheln lassen, bis die Soße am Pattie haften bleibt. Dann vom Herd nehmen.

5. Den Boden des Burgerbrötchens mit Mayonnaise bestreichen. Mit etwas gebratenem Chinakohl belegen, darauf das Pattie mit etwas Soße aus der Pfanne, dann den Karotten-Gurkensalat etwas ausdrücken und auf das Pattie legen. Zuletzt den Burger-Deckel mit Ketchup bestreichen und auf den Salat legen. Alle Burger so belegen und genießen.

CHEATER HACK

WENN DU DIE BURGER-PATTIES NICHT SELBER MACHEN MÖCHTEST, KANNST DU AUCH TIEFGEKÜHLTE AUS DEM SUPERMARKT NEHMEN, NACH PACKUNGSANLEITUNG IN DER PFANNE GAR BRATEN UND DANN SOJASOẞE UND ZUCKER WIE BESCHRIEBEN HINZUFÜGEN.

VEGGIE-MODUS

FÜR 4 STÜCK:

500 g	KARTOFFELN (VORWIEGEND FESTKOCHEND)
255 g	KIDNEYBOHNEN AUS DER DOSE (ABTROPFGEWICHT)
70 g	SPEISESTÄRKE
1 EL	TOMATENMARK
1 EL	KNOBLAUCHPULVER
1 EL	ZWIEBELPULVER
1 Prise	SALZ, PFEFFER

+ ÜBRIGE ZUTATEN VON OBEN, AUẞER HACKFLEISCH

SOFTE KARTOFFEL-PATTIES:

1. Kartoffeln schälen und in Salzwasser garkochen. Kidneybohnen abgießen und mit klarem Wasser abspülen. In einer Schüssel Kartoffeln, Kidneybohnen und 2 EL Wasser mit einem Kartoffelstampfer zu Mus zerdrücken. Tomatenmark, Speisestärke, Knoblauchpulver und Zwiebelpulver hinzugeben und alles gut mischen.

2. Aus dem Teig 4 gleich große Patties formen und in einer erhitzen Pfanne mit 2 EL Öl von beiden Seiten 10 Minuten bei mittlerer Hitze braten. Mit Schritt 1–2 fortfahren. Die fertigen Burger-Patties mit der Soße in der Pfanne erhitzen. Nun mit Schritt 4–5 im Rezept oben fortfahren.

EINKAUFSLISTE

CRUNCHY HIGHSCORE-HOT DOGS

Knusprige Hot Dog-Brötchen gefüllt mit saftigem Hähnchen, Zwiebelringen und einer würzigen Soße. Vielleicht gewinnt ihr nicht mit diesem Snack, aber den Genuss-Highscore knackt ihr damit bestimmt!

FÜR 6 STÜCK:

2	EIER
50 g	PANKO
6	HOT DOG-BRÖTCHEN
400 g	HÄHNCHEN-MINUTEN-SCHNITZEL
¼	SALATGURKE
2	ZWIEBELN
2 EL	HONIG
1 EL	SENF
40 g	GERIEBENER CHEDDAR
3 EL	RAPS- ODER SONNENBLUMENÖL
1 Prise	SALZ, PFEFFER

FÜR DIE SOßE:

10	SCHEIBEN HOT DOG-GURKEN
100 g	MAYONNAISE
2 EL	KETCHUP
1 EL	HOT DOG-GURKENWASSER
1 TL	SENF
1 TL	GEHACKTER DILL (TIEFGEKÜHLT ODER FRISCH)
1 TL	ZWIEBELPULVER
1 TL	KNOBLAUCHPULVER
½ TL	SALZ

1. **Für die Soße:** Hot Dog-Gurken in kleine Stücke schneiden. Mayonnaise, Hot Dog-Gurkenstücke, Ketchup, Hot Dog-Gurkenwasser, Senf, Dill, Zwiebelpulver und Knoblauchpulver mischen.

2. Hähnchen in lange, dünne Streifen schneiden.

3. Eine Pfanne erhitzen. 2 EL Öl hineingeben und die Hähnchenstreifen darin gar braten. Mit Salz und Pfeffer würzen. Aus der Pfanne nehmen und direkt in die Schale mit der Soße geben. Alles gut mischen. Pfanne aufbewahren.

4. **Für die Brötchen:** Die Eier in eine Schüssel geben, mit Salz und Pfeffer würzen und mit einer Gabel verquirlen. Panko in eine Schale geben, in die die Brötchen der Länge nach passen. Brötchen erst in den Eiern wenden und dann alle Seiten mit Panko bestreuen.

5. Die panierten Brötchen auf ein mit Backpapier belegtes Blech legen und im Ofen bei 180 °C 20 Minuten backen.

6. Währenddessen die Salatgurke in dünne Scheiben schneiden. Die Zwiebeln schälen und in Ringe schneiden. Die Pfanne erneut erhitzen und 1 EL Öl hineingeben. Zwiebeln darin braten, bis sie glasig sind. Honig und Senf hinzugeben und nochmals kurz mitbraten. Vom Herd nehmen.

7. Die Brötchen aus dem Ofen nehmen und aufschneiden. An eine der Seiten Gurkenscheiben legen. Dann das Brötchen mit 2–3 Streifen Hähnchenfleisch und Soße füllen. Mit Cheddar bestreuen und mit Zwiebelringen belegen. Direkt servieren.

VEGGIE-MODUS

4 EIER STATT HÄHNCHEN-MINUTEN-SCHNITZEL

1. Schritt 1 wie oben beschrieben zubereiten.
2. Die Eier mit etwas Öl in einer Pfanne zu 4 Spiegeleiern braten. Mit Salz und Pfeffer würzen.
3. Schritt 4–6 wie oben beschrieben zubereiten. In jedes Hot Dog-Brötchen 1 Spiegelei statt Fleisch geben.

EINKAUFSLISTE

RPG-Rezepte: Schlemmen wie aus einer anderen Welt

Tauche in eine andere Welt ein und entdecke Rezepte aus den typischen Regionen eines Rollenspiels! Egal, ob du hungrig durch den Wald, das feurige Vulkangebiet, die eisigen Weiten oder das bergige Ödland reist! Setze dich ans Lagerfeuer, hole die besten Lieder deiner Abenteuer raus und genieße jeden einzelnen Happen passend zur jeweiligen Region. In diesem Kapitel erwarten dich köstliche Leckereien, die oft aus einem Topf oder mit wenig Aufwand zuzubereiten sind.

RAUCHIGER DRACHENFEUER-WÜRSTCHENTOPF DER FLAMMENLANDE

Unsere Reise beginnt direkt mit den flammenden Landen auf unserer Abenteuerkarte. Man munkelt in der einen oder anderen Ecke einen Drachen gesehen zu haben. Ob dies der Wirklichkeit entspricht oder nur eine Legende der Einwohner ist sei dahingestellt. Doch der berühmte Eintopf dieser Region feuert den Reisenden auf jeden Fall ordentlich ein!

1	ZWIEBEL
3	KNOBLAUCHZEHEN
700 g	KARTOFFELN
500 g	SÜßKARTOFFELN
2	KAROTTEN
6	WIENER WÜRSTCHEN (AUS DEM GLAS ODER FRISCH)
255 g	KIDNEYBOHNEN (ABTROPFGEWICHT)
700 ml	GEMÜSEBRÜHE
500 g	PASSIERTE TOMATEN
300 ml	COLA (MIT ZUCKER)
3 EL	SOJASOßE
1 EL	GEMAHLENEN KARDAMOM
3 EL	GERÄUCHERTES PAPRIKA-PULVER
1 Prise	SALZ, PFEFFER
1 TL	CHILIPULVER (ODER MEHR - NACH GESCHMACK)
2 EL	RAPS-ODER SONNENBLUMENÖL
200 g	CRÈME FRAÎCHE

1. Zwiebel, Knoblauchzehen, Kartoffeln, Süßkartoffeln und Karotten schälen. Zwiebeln vierteln und in Scheiben, Kartoffeln und Süßkartoffeln in kleine Stücke, Karotten und Würstchen in Scheiben schneiden. Kidneybohnen abgießen, mit etwas klarem Wasser abspülen und Knoblauch hacken.

2. Einen großen Topf erhitzen, Öl, Zwiebelstücke und gehackten Knoblauch hineingeben und anbraten. Gemüsebrühe, passierte Tomaten, Cola, Sojasoße, Kardamom, geräuchertes Paprikapulver, Chilipulver und etwas Salz und Pfeffer hinzugeben. Alles zum Kochen bringen.

3. Kartoffelstücke und Karottenscheiben mit in den Topf geben und 20 Minuten offen bei mittlerer Hitze köcheln lassen. Dann Süßkartoffelstücke, Würstchen und Kidneybohnen hinzugeben, zum Kochen bringen und auf mittlerer Hitze ca. 20 Minuten offen kochen lassen, bis die Kartoffeln gar sind.

4. Den Eintopf in Schalen anrichten und in jede Schale noch einen TL Crème fraîche auf den Eintopf streichen, dann sieht es auch aus wie der Rauch vom Drachen.

VEGGIE-MODUS

6 VEGETARISCHE WÜRSTCHEN STATT WIENER WÜRSTCHEN AUS FLEISCH

EINKAUFSLISTE

BIERBRÄU-LAGERFEUERTOPF

Ob du diesen beliebten Eintopf nun unterwegs in deinem Lagerfeuer oder daheim auf deinem Herd zubereitest, die deftigen Bier-Aromen, gepaart mit den verschiedenen Gewürzen, sättigen jeden Abenteurer nach einem langen Tag.

FÜR 4 PORTIONEN:

2	KAROTTEN
2	ZWIEBELN
2	KNOBLAUCHZEHEN
1 kg	KLEINE KARTOFFELN (z. B. DRILLINGE)
1 EL	BUTTER
1 EL	RAPSÖL
1 kg	RINDERGULASCH-FLEISCH
1 EL	TOMATENMARK
100 g	BACON-WÜRFEL
2 EL	SENF
3	LORBEERBLÄTTER
3	STANGEN STAUDENSELLERIE
350 g	APFELMUS
500 ml	HEFEWEIZEN-BIER ODER MALZBIER
600 ml	RINDERBRÜHE
1 Prise	SALZ, PFEFFER

1. Die Karotten, Zwiebeln und Knoblauchzehen schälen. Karotten in Scheiben, Zwiebeln in Halbringe, Staudensellerie und Knoblauch in Scheiben schneiden. Die Kartoffeln gründlich waschen (Drillinge müssen nicht geschält werden) oder (je nach Sorte) ggf. schälen.

2. Einen großen Topf erhitzen. Butter und Öl hineingeben. Das Rindergulasch-Fleisch darin von allen Seiten anbraten. Tomatenmark hinzugeben und nochmal kurz mitbraten. Mit dem Bier und der Rinderbrühe ablöschen. Bacon-Würfel, Karotten, Staudensellerie, Zwiebeln, Knoblauch, Kartoffeln (ungeschnitten, im Ganzen), Apfelmus, Senf und Lorbeerblätter hinzugeben. Alles einmal zum Kochen bringen und dann auf niedriger bis mittlerer Hitze 2 Stunden offen leicht köcheln lassen.

3. Alles mit Salz und Pfeffer abschmecken und in Schalen servieren.

PRO-TIPP

DER EINTOPF KANN AUCH TOLL EINEN TAG VORHER ZUBEREITET WERDEN UND EIGNET SICH SOMIT FÜR SPIELERUNDEN, SCHNELLE VERSORGUNG WÄHREND ONLINE RAIDS ODER GAMING-ABENDE.

VEGGIE-MODUS

500 g	RÄUCHERTOFU STATT RINDERGULASCH-FLEISCH
250 g	BRAUNE CHAMPIGNONS STATT BACON-WÜRFEL
600 ml	GEMÜSEBRÜHE STATT RINDERBRÜHE

+ ÜBRIGE ZUTATEN VON OBEN

1. Schritt 1 wie oben beschrieben zubereiten.

2. Räuchertofu in Würfel schneiden. Champignons putzen und in Scheiben schneiden. Statt Rindergulasch-Fleisch und Bacon-Würfel wie oben im Rezept beschrieben verwenden. Rinderbrühe dabei durch Gemüsebrühe ersetzen. Mit Schritt 3 wie oben beschrieben fortfahren.

EINKAUFSLISTE

SAFTIGE KRÄUTER-OMELETTS DES TIEFEN WALDES

Der nächste Punkt auf der Karte führt uns durch das Waldgebiet. Natürlich möchte man auch dort gut verpflegt sein! Ein Glück bietet dieses Gebiet mit seinen Kräutern, Nüssen, Beeren und Eiern ein ultra-fluffiges und leicht gemachtes Omelett! Diese kleinen Teile sind so saftig und bieten dir den perfekten Start in den Tag!

FÜR 12–14 STÜCK:

1 Bd.	FRISCHE KRAUSE PETERSILIE (ca. 20 g)
1	KÄSTCHEN FRISCHE KRESSE
125 g	FRISCHER BABYSPINAT
6	EIER
½	STANGE LAUCH
75 g	WALNUSSKERNE
125 g	GRIECHISCHER JOGHURT
2 EL	MEHL
2 TL	BACKPULVER
150 g	PREISELBEEREN AUS DEM GLAS
½ TL	SALZ
1 Prise	PFEFFER

1 MUFFIN-BLECH MIT 12 MULDEN

OPTIONAL:

ETWAS MEHR GRIECHISCHER JOGHURT UND PREISELBEEREN ZUM VERZIEREN

1. Die harten Stängel der Petersilie abschneiden. Petersilie, Kresse (mit einer Schere die Stängel aus dem Kästchen abschneiden), Babyspinat und Eier in eine Schüssel geben und mit einem Pürierstab mixen, bis keine großen Stücke mehr zu sehen sind (alternativ Kräuter sehr fein hacken.)

2. Lauch in sehr kleine Stücke schneiden. Walnusskerne grob hacken. Lauchstücke, griechischer Joghurt, Mehl, Backpulver, gehackte Walnüsse, Salz und Pfeffer zu den Kräutereiern geben und alles gut mischen. Dann die Preiselbeeren vorsichtig unterrühren.

3. Die Muffinform ggf. einfetten und auf ein Backblech stellen. Den Omelett-Teig mit einer Kelle auf die Mulden verteilen. Das Backblech auf mittlerer Stufe in den Ofen schieben und bei 150 °C Ober-/Unterhitze 40 Minuten backen.

4. Die Mini-Omeletts aus dem Ofen nehmen, kurz etwas abkühlen lassen und mit einem Messer vorsichtig aus der Form lösen. Direkt warm genießen oder mit etwas griechischem Joghurt und Preiselbeeren garniert anrichten.

PRO-TIPP

SCHMECKEN WARM ZUM FRÜHSTÜCK. ABGEKÜHLT AUCH TOLL ZUM MITNEHMEN!

CHEATER HACK

AM BESTEN EIGNET SICH EINE MUFFINFORM AUS SILIKON.

EINKAUFSLISTE

GERÖSTETE KARTOFFELCREMESUPPE DER EISIGEN WEITEN

Weiter geht es in die eisigen Weiten. Der Weg vor uns wird lang und vor allem kalt. Also kräftigen wir uns unterwegs noch in einer Schänke an dieser wärmenden und sättigenden Kartoffelsuppe. Perfekt für kalte Tage.

FÜR 4 GROßE PORTIONEN:

1 kg	KARTOFFELN
1	ZWIEBEL
1	GANZE KNOBLAUCHKNOLLE
800 g	BLUMENKOHL
5 EL	OLIVENÖL
1,2 l	HEIßE GEMÜSEBRÜHE
200 g	SAHNE-SCHMELZKÄSE
1–2 TL	ROTE CURRYPASTE
1 Prise	SALZ, PFEFFER
6	SCHEIBEN BRIOCHE-BROT
2 EL	GEHACKTE PETERSILIE

1. Kartoffeln, Zwiebel und alle Knoblauchzehen aus der Knoblauchknolle schälen. Blumenkohl in Röschen und Kartoffeln in Stücke schneiden. Zwiebel vierteln.

2. Ein Backblech mit Backpapier auslegen. Blumenkohlröschen, Kartoffelstücke, ganze Knoblauchzehen und Zwiebelviertel auf dem Backblech verteilen, sodass sich nichts gegenseitig bedeckt. Das Olivenöl gleichmäßig über dem Gemüse verteilen, mit Salz und Pfeffer etwas würzen.

3. Den Backofen auf 180 °C Ober-/Unterhitze stellen und das Gemüse für 40 Minuten backen. Brioche-Scheiben in größere Würfel schneiden. Das Backblech aus dem Ofen nehmen und den Backofen anlassen. Gemüse vom Backblech in einen großen Topf geben, auf dem leeren Blech die Brotwürfel auf dem Backpapier verteilen und nochmals für 5–10 Minuten in den Ofen schieben, bis die Würfel hell gebräunt sind (und von der Farbe her Zwieback ähneln).

4. Das Gemüse im Topf mit 1,2 Liter heißer Gemüsebrühe und Schmelzkäse mischen. Mit einem Pürierstab zu einer cremigen Suppe mixen. 1–2 TL rote Currypaste (Achtung scharf! Zunächst erstmal 1 TL dazugeben und abschmecken) hineingeben und gut durchrühren. Mit Salz und Pfeffer abschmecken.

5. Die Suppe auf Schalen aufteilen, mit Brioche-Croutons aus dem Ofen und Petersilie anrichten.

CHEATER HACK

HEUTE LUST AUF BESONDERS DEFTIG? ERHITZE EIN GLAS WIENER WÜRSTCHEN, SCHNEIDE SIE IN SCHEIBEN UND GIB SIE IN DIE FERTIGE SUPPE.

EINKAUFSLISTE

FRUCHTIG-HERZHAFTES WÜSTEN-PILAW

Unerbittlich knallt die Sonne, aber noch unerbittlicher ist euer Hunger? Dann schmeiß doch all die aromatischen Zutaten und Gewürze in die Pfanne. Die Einheimischen genießen dieses Mahl gerne im warmen, abendlichen Wüstensand.

FÜR 4 PORTIONEN:

200 g	BASMATIREIS
400 ml	(ODER 250 ml) GEMÜSEBRÜHE
500 g	RINDERHACK
1	ZWIEBEL
400 g	KICHERERBSEN AUS DER DOSE (265 g ABTROPF-GEWICHT)
150 g	KERNLOSE DATTELN
30 g	PISTAZIENKERNE
2 EL	GARAM MASALA GEWÜRZ
3 EL	GEHACKTE PETERSILIE (FRISCH ODER TIEFGEKÜHLT)
1 Prise	SALZ, PFEFFER
2 EL	OLIVENÖL
250 g	GRIECHISCHER JOGHURT

1. Den Reis waschen. Reis mit 400 ml Gemüsebrühe nach Packungsanleitung im Topf garkochen (oder mit 250 ml Gemüsebrühe im Reiskocher). Zwiebel schälen und in Würfel schneiden. Datteln in Stücke schneiden und Pistazien hacken. Kichererbsen abgießen und mit klarem Wasser abspülen.

2. Eine Pfanne erhitzen. Hackfleisch und Zwiebeln darin braten, bis das Hackfleisch gar ist. Kichererbsen hinzugeben und nochmals kurz mitbraten. Gekochten Reis, Olivenöl, Garam Masala Gewürz, Datteln, Pistazien und Petersilie mit in die Pfanne geben und alles gut mischen. Mit Salz und Pfeffer abschmecken.

3. Joghurt mit Salz und Pfeffer würzen und dann nach Belieben auf dem Teller über den Reis geben.

VEGGIE-MODUS

150 g CASHEWKERNE STATT RINDERHACKFLEISCH

Einfach Rinderhackfleisch im Rezept oben durch Cashewkerne ersetzen. Mit den Zwiebeln in der Pfanne braten, bis die Zwiebeln glasig sind, dann Kichererbsen hinzugeben und mit dem Rezept oben fortfahren.

EINKAUFSLISTE

PIKANTES HÄHNCHEN SÜß-SAUER MIT KNACKIGEM GEMÜSE AUS DER GROßSTADT

In jedem RPG findet man sich früher oder später in einer Großstadt wieder. Egal ob Mittelalter-, Gegenwart-, oder Zukunftsstadt. Wir haben uns für ein leckeres Future-Szenario entschieden. Denn egal ob in der Vergangenheit, Gegenwart oder Zukunft, ein geheimes süß-saures Rezept darf beim Zocken nicht fehlen!

FÜR 4 PORTIONEN:

400 g	BASMATIREIS
400 g	HÄHNCHENBRUSTFILET
2 EL	SPEISESTÄRKE
1	ROTE PAPRIKA
1	FRISCHE SALATGURKE
1	ZWIEBEL
1 Bund	FRÜHLINGSZWIEBELN
2 EL	TOMATENMARK
1 Dose	ANANASSTÜCKE (ca. 570 g MIT SAFT)
2 EL	GERÖSTETES SESAMÖL (ALTERNATIV RAPSÖL)
5 EL	KETCHUP
5 EL	TAFELESSIG
4 EL	ZUCKER
¼ TL	CHILIPULVER
3 EL	SOJASOßE
1 Prise	SALZ, PFEFFER

1. Reis nach Packungsanleitung im Topf oder Reiskocher garkochen und gegebenenfalls warmhalten. Während der Reis kocht, den Rest zubereiten.
2. Hähnchenbrustfilet in mundgerechte Stücke schneiden, dann in einer Schale mit der Speisestärke mischen, sodass das Fleisch von allen Seiten bedeckt ist.
3. Paprika in Stücke schneiden. Gurke längs halbieren. Mit einem Löffel die Kerne ausschaben. Gurke in Stücke schneiden. Zwiebel schälen und in Halbringe schneiden. Enden der Frühlingszwiebeln abschneiden und diese in 3 cm lange Stücke schneiden. Weiße und grüne Teile der Frühlingszwiebelstücke trennen.
4. Eine große Pfanne erhitzen und das Sesamöl hineingeben. Hühnerfleisch hineingeben und von allen Seiten auf mittlerer Hitze gut anbraten. Paprika, Zwiebel und weiße Stücke der Frühlingszwiebeln hinzugeben und ca. 5 Minuten mitbraten.
5. Tomatenmark, Ananasstücke inklusive der Flüssigkeit, Ketchup, Tafelessig, Zucker, Chilipulver und Sojasoße hinzugeben. Alles noch etwa 5 Minuten köcheln lassen.
6. Gurkenstücke und grüne Teile der Frühlingszwiebeln hinzugeben und nochmals 5 Minuten köcheln lassen. Soße mit Salz, Pfeffer und Chilipulver abschmecken. Der Garpunkt vom Gemüse ist eher knackig. Wer es lieber etwas durch mag, kann die Soße noch ein paar Minuten länger auf kleiner bis mittlerer Hitze köcheln lassen.
7. Hähnchen süß-sauer mit gekochtem Reis servieren.

PRO-TIPP

MISCHE DEN FERTIG GEGARTEN REIS MIT 2 EL SESAMSAMEN. DAS GIBT DEM REIS EINEN TOLLEN GESCHMACK! WER HAT, SOLLTE FÜR DAS GERICHT AUF JEDEN FALL GERÖSTETES SESAMÖL VERWENDEN.

VEGGIE-MODUS

250 g TOFU STATT HÄHNCHENBRUSTFILET VERWENDEN

Den Tofu abtropfen lassen, in etwas Küchenpapier wickeln und zwischen zwei schweren Tellern eine halbe Stunde auspressen. In Würfel schneiden, dann in der Speisestärke wenden und mit Schritt 3–7 wie oben beschrieben fortfahren.

EINKAUFSLISTE

NIXENSCHMAUS-PASTA DES SEEFAHRERS

Auf unserer Reise durch die Open World müssen wir manchmal auch weite Strecken über das Meer zurücklegen oder an warmen, sonnigen Sandstränden entlangschlendern. Natürlich knurrt auch auf dieser Reise mitunter der Magen. Und so lädt der Kapitän dich heute zu diesem schmackhaften Menü ein.

FÜR 4 PORTIONEN:

FÜR DEN LACHS:

500 g	LACHSFILET (4 STÜCKE)
40 g	MEHL
1 TL	PAPRIKAPULVER, EDELSÜß
½ TL	PFEFFER
½ TL	SALZ

FÜR DIE SOßE:

1	ROTE PAPRIKA
1	ZWIEBEL
4	KNOBLAUCHZEHEN
1 TL	TOMATENMARK
200 g	SAHNE-SCHMELZKÄSE
200 g	CRÈME FRAÎCHE
100 ml	GEMÜSEBRÜHE
2 TL	PAPRIKAPULVER, EDELSÜß
2 EL	GEHACKTE PETERSILIE
1 Prise	SALZ, PFEFFER
5 EL	OLIVENÖL
500 g	PASTA NACH WAHL

OPTIONAL:

GERIEBENER PARMESANKÄSE ZUM BESTREUEN

1. **Lachs:** Das Lachsfilet ggf. auftauen lassen. Mehl, Paprikapulver, Pfeffer und Salz in einer Schale mischen. Jedes Lachsfilet von allen Seiten in dem Mehl-Mix wenden.

2. Paprika in kleine Würfel schneiden. Zwiebel schälen und in kleine Würfel schneiden, Knoblauchzehen schälen und hacken.

3. Eine Pfanne erhitzen. Das Olivenöl in die Pfanne geben. Die Lachsfilets in die Pfanne geben und von beiden Seiten bei mittlerer Hitze jeweils 5 Minuten braten.

4. **Für die Soße:** Dann die Lachsfilets etwas an den Pfannenrand schieben, Paprikastücke, Zwiebelwürfel und gehackten Knoblauch hinzugeben und alles nochmals kurz anbraten, bis die Zwiebeln glasig sind.

5. Tomatenmark, Schmelzkäse, Crème Fraîche, Gemüsebrühe, Paprikapulver und Petersilie in die Pfanne geben und vorsichtig zu einer Soße verrühren. Alles zum Kochen bringen und nochmals 10 Minuten auf mittlerer Hitze köcheln lassen. Währenddessen die Pasta nach Packungsanleitung zubereiten.

6. Die Pasta auf die Teller verteilen, auf jede Portion ein Lachsfilet und Soße geben und direkt genießen. Wer mag, kann alles noch mit geriebenem Parmesankäse verfeinern.

PRO-TIPP

HEUTE MAL DIE LUXUSVERSION? BRATE 250 g GARNELEN IN EINER EXTRAPFANNE AN, WÄHREND DIE SOßE 10 MINUTEN LANG KOCHT UND WÜRZE DIE GARNELEN MIT SALZ UND PFEFFER. VERTEILE SIE AUF DER PASTA MIT SOßE UND LACHS. DER KAPITÄN GIBT HEUTE AUS!

VEGGIE-MODUS

250 g	GRÜNER SPARGEL
200 g	KÜCHENFERTIGER SEITAN

+ ÜBRIGE ZUTATEN VON OBEN

1. Paprika in kleine Würfel schneiden. Zwiebel schälen und in kleine Würfel schneiden, Knoblauchzehen schälen und hacken. Spargel in 3 cm lange Stücke und Seitan in Würfel schneiden.
2. Eine Pfanne erhitzen. Öl hineingeben Paprika, Zwiebel, Knoblauch, Spargel und Seitan darin ca. 10 Minuten anbraten. Dabei öfter wenden.
3. Schritt 5–6 wie oben beschrieben zubereiten.

EINKAUFSLISTE

RUSTIKALER GASTHAUS-APFELKUCHEN

Jeder Abenteurer muss auch mal eine Pause einlegen und sich in einem Gasthaus ausruhen! Warum also nicht zurücklehnen und sich ein saftiges Stück von diesem Apfelkuchen schmecken lassen. Auf Empfehlung von Braumeister Bob!

FÜR 1 APFELKUCHEN, 26 cm SPRINGFORM:

TEIG:

100 g	MEHL
200 g	GEMAHLENE HASELNUSSKERNE
100 g	BUTTER
3 EL	ZUCKER
1	EI
½ TL	SALZ

APFELSCHICHT:

4	ÄPFEL (ca. 450 g, GESCHÄLT, ENTKERNT)
2 EL	HONIG
50 g	SPEISESTÄRKE
1 Pkg.	VANILLEPUDDINGPULVER (37 g)
2 Pkg.	BOURBON-VANILLEZUCKER
½ TL	ZIMT
2 EL	ZUCKER

CREMESCHICHT:

5 EL	ZUCKER
1 Pkg.	VANILLEPUDDINGPULVER (37 g)
300 ml	VOLLMILCH
2 Becher	SCHMAND (à 200 g)

NUSS-TOPPING:

25 g	BUTTER
120 g	ZUCKER
50 g	GEHOBELTE MANDELN

1. Eine 26 cm Springform vorbereiten. Den Boden der Form mit Backpapier auslegen, einklemmen und den Rest abtrennen. Den Rand innen mit etwas Öl einfetten.

2. **Für den Teig:** Mehl, gemahlene Haselnüsse, Butter, Ei, Zucker und Salz zu einem Teig kneten. Den Teig gleichmäßig dick auf dem Boden und am Rand der Form verteilen und dann in den Kühlschrank stellen.

3. **Für die Apfelfüllung:** Die Äpfel schälen, entkernen und in kleine Stücke schneiden. Äpfel in einer Schüssel mit Honig, Speisestärke, Vanillepuddingpulver, Vanillezucker, Zimt und Zucker mischen.

4. **Für die Cremeschicht:** Zucker, Puddingpulver und 4 EL der Milch in einer kleinen Schale mischen, bis keine Klümpchen mehr zu sehen sind. Restliche Milch in einen Topf geben und zum Kochen bringen. Das angemischte Pulver unter ständigem Rühren in die Milch geben, bis der Pudding dick wird. Vom Herd nehmen und den Schmand mit in den Topf geben. So lange rühren, bis keine Klümpchen mehr zu sehen sind.

5. Die Backform aus dem Kühlschrank nehmen. Die Apfelstücke auf dem Teigboden verteilen. Dann die Cremefüllung über die Äpfel geben.

6. **Für das Nuss-Topping:** In einem kleinen Topf Butter und Zucker erhitzen, bis die Butter und der Zucker geschmolzen sind und anfangen leicht hellbraun zu werden. Dann gehobelte Mandeln unterrühren. Alles gut mischen. Den Nuss-Mix in kleinen Häufchen auf der Creme des Kuchens verteilen und dann vorsichtig mit einem Löffel glattstreichen.

7. Den Kuchen für 60 Minuten bei 180 °C Ober-/Unterhitze backen. Danach etwas abkühlen lassen. Entweder lauwarm (zu warm kann er etwas die Form verlieren) oder kalt genießen.

EINKAUFSLISTE

NOTIZEN!

Eine Klasse(n) Auswahl!

Nimmst Du eigentlich immer dieselbe Klasse beim Zocken? Oder probierst du jede Klasse mal aus? Egal welchen Charakter oder welche Klasse du am liebsten zockst, hier findest du viele leckere, passende Rezepte dazu. Probiere Manakekse für Magier, eine deftige Barbaren-Bolo oder doch lieber einen frischen Steak-Eintopf des Druiden. Koche für dich und deine Freunde die passenden Rezepte bei einem Pen and Paper-Abend oder vielleicht einfach für den Raid am Wochenende. Denn vielleicht ist es ja wirklich so und du bist, was du isst.

EASTER EGG

ÜBERBACKENES PITA-SCHILD DES KRIEGERS

Nach einem langen Tag kann auch der Krieger sein Schwert im Gasthaus niederlegen und sich entspannen. Das herrliche Schild mit seinen vielen Aromen ist dann für den Kampf gegen den Hunger bereit.

FÜR 4 STÜCK

FÜR DEN TEIG:

500 g	MEHL
1 Tüte	TROCKENHEFE (7 g)
½ TL	SALZ
2 TL	ZUCKER
2 EL	OLIVENÖL
300 ml	LAUWARMES WASSER

FÜR DAS HÄHNCHEN:

400 g	HÄHNCHEN-INNENBRUST-FILETS
1 TL	PAPRIKAPULVER, EDELSÜß
1 TL	INGWERPULVER
½ TL	ZIMT, SALZ, PFEFFER

FÜR DEN BELAG:

200 g	MAIS
1	ROTE ZWIEBEL
200 g	CRÈME FRAÎCHE
2 EL	GEHACKTE PETERSILIE
250 g	GERIEBENER MOZZARELLA
4 EL	OLIVENÖL
2 EL	RAPS- OD. SONNENBLUMENÖL

FÜR DIE BBQ-SOßE:

150 g	KETCHUP
50 ml	WASSER
3 EL	BRAUNER ZUCKER
3 EL	TAFELESSIG
3 EL	SOJASOßE
2 EL	WORCESTERSOßE
1 EL	PAPRIKAPULVER, EDELSÜß
1 EL	KNOBLAUCHPULVER
1 TL	CHILISOßE (z. B. SRIRACHA)

1. **Für den Teig:** Mehl, Trockenhefe, Salz, Zucker, Olivenöl und Wasser in eine Schüssel geben. Alles zu einem Teig vermengen und mind. 5 Minuten kneten (per Hand oder Knethacken des Handrührgeräts). Den Teig in der Schale mit einem sauberen Küchentuch abdecken und 60 Minuten an einem warmen Ort gehen lassen.

2. **Für das Hähnchen:** Fleisch in kleine Stücke schneiden. Mit Paprikapulver, Ingwerpulver, Zimt, Salz und Pfeffer alle Stücke gut mischen. Abgedeckt in den Kühlschrank stellen.

3. **Für die Soße:** Alle Zutaten in einen kleinen Topf geben. 15 Minuten bei mittlerer Hitze offen köcheln lassen. Dabei öfter umrühren, damit nichts anbrennt. Dann vom Herd nehmen.

4. Zwiebel schälen und in kleine Würfel schneiden. Petersilie ggf. hacken. Fleischstücke in einer Pfanne mit 2 EL Rapsöl gar braten.

5. Sobald der Teig geruht hat, ihn in 4 gleich schwere Stücke aufteilen. Jedes Teigstück zu einem dünnen, ovalen Fladen ausrollen, sodass er noch in eine große Pfanne passt. Jede Teigseite mit einem halben Esslöffel Olivenöl bestreichen.

6. Eine Pfanne erhitzen. Jeden Teigfladen in einer Pfanne auf mittlerer Hitze von beiden Seiten jeweils 3 Minuten backen. Alle 4 Teigfladen so zubereiten.

7. Den Backofen auf 180 °C Ober-/Unterhitze vorheizen. Die fertig gebackenen Teigfladen mit Crème fraîche bestreichen und Mozzarella bestreuen. Auf den Mozzarella die Hähnchenstücke und den Mais gleichmäßig auf allen Fladen verteilen. Die Fladen auf zwei mit Backpapier belegten Backbleche legen und für ca. 10 Minuten backen.

8. Die fertig gebackenen Pita mit Zwiebelwürfeln und Petersilie bestreuen und mit BBQ-Soße beträufeln.

CHEATER HACK

EINGEFRORENE PITA BROTE KÖNNT IHR JEDERZEIT MIT CRÈME FRAÎCHE, KÄSE UND TOPPINGS BELEGEN UND DANN IN DEN OFEN SCHIEBEN. BEI GEFRORENEN PITA-BROTEN ERHÖHT SICH DIE BACKZEIT AUF 15 MINUTEN.

VEGGIE-MODUS

400 g	AUBERGINE STATT HÄHNCHENFILETS

\+ ÜBRIGE ZUTATEN VON OBEN

1. Wie oben beschrieben zubereiten.

2. Aubergine in kleine Stücke schneiden. Mit Paprikapulver, Ingwerpulver, Zimt, Salz und Pfeffer alle Stücke gut mischen. Abgedeckt in den Kühlschrank stellen. Mit Schritt 3 wie oben beschrieben fortsetzen.

4. Auberginenstücke in einer Pfanne mit 2 EL Rapsöl gar braten.

Mit den anderen Schritten wie oben fortfahren.

EINKAUFSLISTE

STEAK-EINTOPF DES DRUIDEN

Wie bei einem Druiden besteht dieser Eintopf einfach aus der perfekten Mischung von allem.

FÜR 4 PORTIONEN:

1 kg	KARTOFFELN
2	KAROTTEN
1	ZWIEBEL
3	STANGEN STAUDENSELLERIE
400 g	RINDER-HÜFTSTEAK
2	KNOBLAUCHZEHEN
2 EL	RAPS- ODER SONNENBLUMENÖL
150 g	ERBSEN (TIEFGEKÜHLT)
1 l	WASSER
1	LORBEERBLATT
1 EL	RINDERBRÜHEPULVER
1 TL	GEMAHLENE MUSKATNUSS
2 TL	SENF
2 EL	HONIG
400 g	SCHMAND
1 EL	GEHACKTE PETERSILIE (FRISCH ODER TIEFGEKÜHLT)
1 Prise	SALZ, PFEFFER

1. Kartoffeln, Karotten, Zwiebel und Knoblauchzehen schälen. Kartoffeln in Würfel, Karotten in Scheiben, Zwiebel in Halbringe, Staudensellerie in dünne Scheiben schneiden.

2. Rinder-Steaks in mundgerechte Stücke schneiden. Knoblauch hacken.

3. Einen Topf erhitzen. 2 EL Öl hineingeben und das Fleisch darin anbraten. Kartoffeln, Karotten, Zwiebeln, Staudensellerie, Erbsen mit 1 Liter Wasser, Knoblauch, Lorbeerblatt, Rinderbrühe, Muskatnuss, Senf und Honig hinzugeben und zum Kochen bringen. 20 Minuten offen köcheln lassen, bis die Kartoffeln gar sind. Dann den Schmand hinzugeben.

4. Den Eintopf mit dem Stabmixer noch etwas anpürieren, um ihn sämiger zu machen. Dann die Petersilie in den Topf geben und servieren.

VEGGIE-MODUS

250 g	TEMPEH STATT RINDERSTEAKS
1 EL	GEMÜSEBRÜHEPULVER STATT RINDERBRÜHEPULVER

+ ÜBRIGE ZUTATEN VON OBEN

1. Schritt 1 wie oben zubereiten.
2. Tempeh in mundgerechte Scheiben schneiden. Knoblauch hacken.
3. Tempeh, Kartoffeln, Karotten, Zwiebeln, Staudensellerie, Erbsen mit 1 Liter Wasser, Knoblauch, Lorbeerblatt, Gemüsebrühe, Muskatnuss, Senf und Honig hinzugeben und zum Kochen bringen. 20 Minuten köcheln lassen, bis die Kartoffeln gar sind. Dann den Schmand hinzugeben.
4. Wie Schritt 4 oben zubereiten.

EINKAUFSLISTE

CHICKEN WING-LECKERLI DES BESTIENMEISTERS

Ob diese Wings nun den Meister oder die Bestie zähmen, ist bisher ein gut gehütetes Geheimnis. Vielleicht sogar beide?

FÜR 2 PORTIONEN:

1,6 kg	HÜHNCHENFLÜGEL

FÜR DIE MARINADE:

1 Tüte	BACKPULVER (15 g)
1 EL	PAPRIKAPULVER, EDELSÜß
1 EL	ZWIEBELPULVER
1 EL	KNOBLAUCHPULVER
1 TL	SALZ, PFEFFER

FÜR DIE SOßE:

2 cm	INGWERSTÜCK
70 g	HONIG
130 g	KETCHUP
50 g	SOJASOßE
2 EL	WORCESTERSOßE
50 g	ZUCKER

1. In einer Schüssel alle Zutaten für die Marinade miteinander mischen. Ein Backblech mit Backpapier auslegen. Jeden Hühnchenflügel von beiden Seiten in den Gewürzen der Marinade wenden und dann aufs Backblech legen. Das Blech auf mittlerer Schiene in den Ofen schieben und bei 180 °C Ober-/Unterhitze 40 Minuten backen. Währenddessen die Soße zubereiten.

2. **Für die Soße:** Ingwer schälen und reiben. Alle Zutaten für die Soße in einem kleinen Topf gut mischen und zum Kochen bringen. Bei mittlerer Hitze 5 Minuten offen köcheln lassen. Dabei ab und zu umrühren. Dann vom Herd nehmen.

3. Sobald die Wings fertig gebraten sind, die Flügel einzeln (ohne das Fett auf dem Backblech) in eine Schüssel geben. Soße über die Wings verteilen und alles gut mischen. Direkt servieren. Papierküchentuch beim Essen parat haben.

VEGGIE-MODUS

1	BLUMENKOHL (ca. 750 g) STATT HÜHNCHENFLÜGEL
250 g	MEHL
4	EIER
1 Tüte	BACKPULVER (15 g)
150 ml	WASSER
1 EL	PAPRIKAPULVER
1 EL	KNOBLAUCHPULVER
1 EL	ZWIEBELPULVER
1 TL	SALZ, PFEFFER

+ ÜBRIGE ZUTATEN VON OBEN

1. Blumenkohl in Röschen schneiden. In einer Schüssel Mehl, Eier, Backpulver, Wasser, Paprikapulver, Knoblauchpulver, Zwiebelpulver, Pfeffer und Salz mischen. Ein Backblech mit Backpapier auslegen.
2. Blumenkohlröschen komplett im Teig wenden. Die einzelnen Röschen mit etwas Abstand zueinander auf das Backblech setzen und auf mittlerer Schiene im Ofen bei 180 °C Ober-/Unterhitze 40 Minuten backen. Währenddessen mit Schritt 2–3 wie oben beschrieben weitermachen.

EINKAUFSLISTE

BARBAREN-BOLO

Wenn vom barbarischen Gemetzel vom Feind nur noch Hackfleisch übrig bleibt, dann ist diese Bolo einfach perfekt.

FÜR 4 PORTIONEN:

BOLO-SOßE:

1	ZWIEBEL
3	KNOBLAUCHZEHEN
3	KAROTTEN
3	STANGEN STAUDENSELLERIE
500 g	RINDERHACKFLEISCH
500 g	PASSIERTE TOMATEN
1 Dose	STÜCKIGE TOMATEN (400 g)
300 g	SAHNE
150 ml	ROTWEIN
80 g	BUTTER
2 EL	OREGANO
1 EL	THYMIAN
1 Prise	SALZ, PFEFFER
500 g	PASTA NACH WAHL (z. B. SPAGHETTI)

OPTIONAL:

PARMESAN
FRISCHE BASILIKUMBLÄTTER

1. Zwiebel, Knoblauch und Karotten schälen. Karotten, Zwiebel und Staudensellerie in kleine Würfel schneiden. Knoblauch hacken.

2. Eine kleine Pfanne erhitzen und Butter darin schmelzen. Karottenwürfel, Zwiebelwürfel und Staudensellerie in die Butter geben und bei kleiner Stufe 30 Minuten anbraten. Dabei ab und zu umrühren. Dann vom Herd nehmen.

3. Währenddessen eine große Pfanne erhitzen, Hackfleisch und Knoblauch darin anbraten. Mit Rotwein ablöschen. Passierte Tomaten, stückige Tomaten aus der Dose, Sahne, Oregano, Thymian und etwas Salz und Pfeffer hinzugeben. Alles zum Kochen bringen und auf mittlerer Hitze 30 Minuten offen köcheln lassen.

4. Das Butter-Gemüse mit in die Pfanne zum Fleisch geben. Die Pasta nach Packungsanleitung zubereiten und die Soße noch solange auf niedriger Stufe köcheln lassen, bis die Pasta gar ist. Soße mit Salz und Pfeffer abschmecken.

5. Pasta mit Soße und nach Belieben Parmesan und Basilikumblättern servieren.

CHEATER HACK

BARBAREN-BOLO FÜR KINDER? EINFACH DEN ROTWEIN WEGLASSEN. GIBT AUCH DEN KLEINSTEN BARBAREN POWER.

VEGGIE-MODUS

125 g ROTE LINSEN STATT HACKFLEISCH

1. Rote Linsen in einem Sieb mit klarem Wasser abspülen. Schritt 1 und 2 wie oben beschrieben zubereiten.

2. Währenddessen in einer großen Pfanne Knoblauch, Rotwein, passierte Tomaten, gehackte Tomaten aus der Dose, Sahne, Oregano, Thymian und etwas Salz und Pfeffer zum Kochen bringen. Rote Linsen mit in die Pfanne geben. Auf mittlerer Hitze 20 Minuten offen köcheln lassen. Dabei ab und zu umrühren.

3. Mit Schritt 4 und 5 wie oben beschrieben weitermachen und das Gericht zubereiten.

LEGENDEN
ALE
EINKAUFSLISTE

ENERGY BALLS DER SCHARFSCHÜTZIN

Egal ob im Ego-Shooter auf dem Schlachtfeld oder im PVP, irgendwann braucht jeder mal eine Pause und 'ne Medi-Box! Diese Bällchen lassen sich super mit einer Hand essen und sind sehr sättigend. Da kann die Runde dann auch mal länger dauern, du bist gut versorgt!

FÜR 24 STÜCK:

255 g	KIDNEYBOHNEN AUS DER DOSE (ABTROPFGEWICHT)
100 g	FRISCHKÄSE (DOPPELRAHMSTUFE)
4 EL	KETCHUP
1 TL	PAPRIKAPULVER, EDELSÜß
1 TL	KNOBLAUCHPULVER
1 TL	OREGANO
1 TL	THYMIAN
150 g	UNGESALZENE, GERÖSTETE ERDNÜSSE
100 g	GERIEBENER EMMENTALER
60 g	ZARTE HAFERFLOCKEN
30 g	GERIEBENER PARMESANKÄSE
1 Prise	SALZ, PFEFFER

FÜR DEN FETA-PFIRSICH-CURRY DIP:

250 g	FETAKÄSE
6	HALBE, LEICHT GEZUCKERTE PFIRSICHE AUS DER DOSE (ca. 360 g)
1 TL	CURRYPULVER
1 Prise	SALZ, PFEFFER

1. Kidneybohnen abgießen und kurz mit klarem Wasser abspülen. Kidneybohnen, Frischkäse, Ketchup, Paprikapulver, Knoblauchpulver, Oregano, Thymian und die Erdnüsse in einen Mixer geben. Alles zu einem gleichmäßigen Mus mixen. Die Masse ist sehr dick, sollte der Mixer zwischendrin stoppen, aus machen und etwas umrühren, dann Deckel drauf und wieder starten.
2. Den Backofen auf 180 °C Ober-/Unterhitze vorheizen. Die Masse aus dem Mixer in eine Schale geben. Emmentaler und Haferflocken unterrühren und mit Salz und Pfeffer abschmecken. Aus der Masse etwa 24 gleich große Bälle formen und auf einen Teller legen.
3. Ein Backblech mit Backpapier auslegen. Die Bällchen im Parmesankäse rollen, sodass sie mit Käse bedeckt sind und mit etwas Abstand aufs Backblech setzen. Für 15 Minuten im Ofen backen.
4. Aus dem Ofen nehmen und abkühlen lassen. Direkt aus dem Ofen sind die Bällchen noch etwas weich. Beim Abkühlen werden sie fester.
5. **Für den Dip:** Fetakäse, Currypulver und Pfirsichhälften in ein hohes Gefäß geben. Mit einem Mixer oder Pürierstab zu einem Dip mixen. Mit Salz und Pfeffer abschmecken. Zu den Bällchen reichen. Eignet sich auch toll als Brotaufstrich.

PRO-TIPP

DIE BÄLLCHEN LASSEN SICH AUCH WUNDERBAR MITNEHMEN!

EINKAUFSLISTE

KNUSPRIGE ZAUBERSTÄBE DER HEXENMEISTERIN

Beim Erforschen der dämonischen Welten mal wieder den Zauberstab vergessen? Keine Sorge, du kannst dir ganz einfach selbst welche backen. So hast du direkt genug auf Vorrat und der Proviant für unterwegs ist auch gesichert.

FÜR 25 STÜCK:

350 g	MEHL
2	EIER
60 g	WEICHE BUTTER
130 g	GRÜNES PESTO
130 g	GERIEBENER PARMESAN
2 EL	WEIßE SESAMSAMEN
200 g	BACON-SCHEIBEN

FÜR DEN DIP:

250 g	CHERRYTOMATEN
75 g	GRÜNE WEINTRAUBEN
1	ZWIEBEL
100 ml	WASSER
½	LIMETTE
1 EL	RAPS- ODER SONNENBLUMENÖL
1 Prise	SALZ, PFEFFER UND ZUCKER

1. **Für die Zauberstäbe:** Mehl, Eier, Butter, Pesto, Parmesan und Sesamsamen zu einem Teig kneten. Den Teig in Frischhaltefolie wickeln und 60 Minuten in den Kühlschrank legen. Währenddessen kann der Dip zubereitet werden.

2. **Für den Dip:** Cherrytomaten und Weintrauben halbieren. Zwiebel schälen und in kleine Würfel schneiden.

3. Einen Topf erhitzen, Öl und Zwiebelwürfel hineingeben und alles anbraten, bis die Zwiebelwürfel glasig sind. Tomaten, Weintrauben und Wasser hinzugeben und zum Kochen bringen. Ca. 15 Minuten bei mittlerer Hitze ohne Deckel kochen lassen.

4. Mit einem Pürierstab den Topfinhalt mixen, sodass ein dickflüssiger Dip entsteht. Mit dem Saft einer halben Limette, einer Prise Zucker und Salz und Pfeffer abschmecken.

5. Den Backofen auf 180 °C Ober-/Unterhitze vorheizen. Die Bacon-Scheiben halbieren. Den Teig in 25 gleich schwere Portionen aufteilen. Aus jeder Portion zwischen den Händen eine dünne Schnur rollen, die ca. 22 cm lang ist. Dabei ein Ende zu einer Spitze rollen und das andere Ende etwas dicker lassen.

6. Jeden Zauberstab am oberen Ende mit einer Bacon-Hälfte einwickeln. Die Spitze dabei etwas frei lassen. Mit einem Messer leichte Kerben in den restlichen Teil des Stabs schneiden, sodass es ein bisschen wie Holz aussieht.

7. Die Zauberstäbe auf ein mit Backpapier belegtes Backblech legen und auf der mittleren Schiene im Backofen 20–25 Minuten backen. Abgekühlt mit dem Dip servieren.

VEGGIE-MODUS

Den Bacon einfach weglassen und die Holzkerben mit dem Messer über den ganzen Stab verteilen.

EINKAUFSLISTE

NOUGAT-RAUCHBOMBEN DES SCHURKEN

Raucht eher schlecht, schmeckt aber super. Naja, so'n bisschen Staub hinterlassen sie schon.

FÜR 20 STÜCK:

200 g	LÖFFELBISKUITS
100 g	SPEISEQUARK
100 g	SCHOKOLADE MIT 70 % KAKAOANTEIL
100 ml	KAFFEE
120 g	SCHNITTFESTES NUSS-NOUGAT
25 g	BACK-KAKAO

1. Löffelbiskuit in eine flache Schale oder Auflaufform legen. Mit dem Kaffee gleichmäßig begießen. Kurz einziehen lassen und dann mit den Händen alles zu einem Teig kneten. Quark hinzugeben und nochmals alles gut durchkneten.

2. Schokolade über einem Wasserbad (oder in einer Schale bei 180 Watt 3 Minuten in der Mikrowelle) schmelzen lassen. Die geschmolzene Schokolade kurz etwas abkühlen lassen und dann zum Teig geben, alles gut durchkneten und gleichmäßig vermischen.

3. Das Nougat in 20 gleich große Würfel schneiden. Den Teig in 20 gleich große Portionen aufteilen. In jede Portion einen Nougatwürfel drücken und dann den Teig zwischen den Händen zu einer Kugel rollen. Die Kugeln auf einem Teller ablegen.

4. Den Kakao in eine Schale geben. Jede Schokokugel darin hin- und herrollen und alle Seiten mit Kakao bedecken. Die Kugeln auf einen Teller ablegen und in Frischhaltefolie gehüllt für mind. 30 Minuten in den Kühlschrank stellen. Damit beim Zocken nicht die Hände schmutzig werden, einen Zahnstocher in die Kugeln stecken und servieren.

EINKAUFSLISTE

MANAKEKSE DES MAGIERS

Spieler aufgepasst! Diese Kekse können euch tatsächlich einen Buff auf Intelligenz verleihen! Das Rezept wurde speziell aus Zutaten entwickelt, die sich positiv auf das Gehirn auswirken können. Beispielsweise können Haferflocken, die Thiamin enthalten, die grauen Zellen versorgen, Zink aus Kakaopulver kann die Neurotransmitter auf Zack bringen, Omega-3-Fettsäuren aus Walnüssen können Denkprozesse verbessern, das Tryptophan der Bananen kann sich positiv auf die Konzentration auswirken. Und Endorphine aus der Schokolade stärken die Motivation!

FÜR ca. 28 STÜCK:

50 g	WALNUSSKERNE
1	BANANE
2	EIER
150 g	ZARTE HAFERFLOCKEN
50 ml	MILCH
150 g	ZARTBITTER-SCHOKO CHUNKS
180 g	MEHL
4 EL	BACK-KAKAO
1 TL	BACKPULVER
100 g	ZUCKER

FÜR DEN GUSS:

50 g	PUDERZUCKER
	BLAUE LEBENSMITTELFARBE
	EIN PAAR TROPFEN WASSER

1. Walnüsse hacken. Banane schälen und in einer Schale mit einer Gabel zu Mus zerdrücken. Bananenmus mit Eiern, Haferflocken und Milch mischen und 10 Minuten quellen lassen. Mit einem Pürierstab (oder Mixer) zu einem feinen Brei ohne große Stücke mixen.

2. Den Haferbrei mit Mehl, Kakaopulver, Backpulver und Zucker zu einem Teig kneten. Schoko Chunks und gehackte Walnüsse hinzugeben und kurz mitkneten.

3. Ein Backblech mit Backpapier auslegen. Die Hände etwas mit Mehl bestäuben und aus dem Teig eine etwa walnussgroße Portion entnehmen, zwischen den Händen zu einer Kugel rollen und plattdrücken. Dann mit etwas Abstand zueinander aufs Backblech legen. So alle Kekse formen und dabei die Hände immer mal wieder mit Mehl bestäuben, sobald es anfängt zu kleben.

4. Die Kekse auf mittlerer Schiene in den Ofen schieben und bei 180 °C Ober-/Unterhitze ca. 20 Minuten backen. Vollständig abkühlen lassen.

5. **Für den Guss:** Puderzucker mit Lebensmittelfarbe und ein paar Tropfen Wasser mischen, bis ein dickflüssiger Guss entstanden ist. In einen Spritzbeutel füllen und die Kekse damit verzieren. Trocknen lassen. In einer Dose aufbewahren und innerhalb einer Woche verzehren.

PRO-TIPP

MIT 60 g WEIßER SCHOKOLADE UND FETTLÖSLICHER (WICHTIG) BLAUER LEBENSMITTELFARBE KÖNNT IHR AUCH EINEN BLAUEN SCHOKO-GUSS ZUM VERZIEREN MACHEN. DAZU HERKÖMMLICHE WEIßE SCHOKOLADE AUS DEM SUPERMARKT ÜBER EINEM WASSERBAD SCHMELZEN LASSEN, MIT DER LEBENSMITTELFARBE MISCHEN UND IM SPRITZBEUTEL ZUM VERZIEREN NUTZEN. DIE SCHOKOLADE NICHT ZU STARK ERHITZEN, SONST WIRD SIE KRÜMELIG.

EINKAUFSLISTE

NO BAKE HONIG-PANNA COTTA-KUCHEN DES WALDLÄUFERS

Auf dem Weg durch den Wald gibt es viele Leckereien! Dort Feuer zu entfachen, ist allerdings keine Option. Viel besser ist ein frischer, fruchtiger Kuchen mit Waldbeeren, Nüssen und Honig ohne Backen. Am besten immer einen Abend vorher zubereiten, damit die Kraft der Natur sich vollständig entfalten (und der Kuchen fest werden) kann.

FÜR EINE 26 cm SPRINGFORM:

150 g	BUTTERKEKSE
150 g	BUTTER
50 g	GEMAHLENE, BLANCHIERTE MANDELN
125 g	HIMBEEREN
125 g	BROMBEEREN ODER 250 g WALDFRÜCHTE DER SAISON
800 g	SAHNE
300 g	WALDHONIG
2 Pkg.	BOURBON-VANILLEZUCKER (JEWEILS 8 g)
2 Pkg.	GEMAHLENE GELATINE (JEWEILS 9 g)
1 EL	ZUCKER

OPTIONAL:

FRÜCHTE, MINZBLÄTTER UND ESSBARE BLÜTEN ZUM VERZIEREN.

1. Die Kuchenform auf dem Boden mit Backpapier auslegen und im Rand einklemmen. Überschüssiges Backpapier abtrennen. Die Butterkekse in einen Gefrierbeutel geben und mit einem schweren Gegenstand zu Kekskrümeln zerkleinern. Alternativ mit den Händen in einer Schale zerkleinern.

2. In einer Schüssel Butter und Kekskrümel gut miteinander mischen. Diesen Teig auf dem Boden der Springform gleichmäßig hoch ausbreiten und fest andrücken. Die gemahlenen Mandeln darauf verteilen und alles nochmals gut festdrücken. Die Form in den Kühlschrank stellen.

3. Das Obst waschen und trocken tupfen. Die Beeren in einer Schale mit 1 EL Zucker mischen.

4. Die gemahlene Gelatine nach Packungsanleitung in einer kleinen Schale mit Wasser quellen lassen.

5. Sahne, Vanillezucker und Honig in einen Topf geben und erhitzen, bis Dampf aufsteigt. Vom Herd nehmen und die gequollene Gelatine unterrühren, bis sie sich komplett aufgelöst hat. Alles kurz abkühlen lassen.

6. Die Form aus dem Kühlschrank holen und die Beeren auf dem Kuchenboden verteilen. Dann mit einer Kelle vorsichtig nach und nach den Sahne-Mix in die Form geben. Die Kuchenform wieder in den Kühlschrank stellen und mehrere Stunden fest werden lassen (am besten über Nacht). Nach Belieben mit zusätzlichen Beeren, Minzblättern und essbaren Blüten verzieren.

VEGGIE-MODUS

2 PÄCKCHEN AGARTINE (2 × 15 g) ODER ANDERE VEGETARISCHE GELATINE (ALTERNATIVE FÜR 1 LITER FLÜSSIGKEIT)

Schritt 1–3 wie oben beschrieben zubereiten (und Schritt 4 oben weglassen).

4. Sahne, Vanillezucker, Agartine und Honig in einen Topf geben und zum Kochen bringen. 2 Minuten unter Rühren kochen lassen.

Mit Schritt 6 fortfahren.

EINKAUFSLISTE

LICHTGEBADETER WEIẞER SCHOKOLADENKUCHEN DES HEILERS

Holy Shi*! Welch sündhaft leckerer Kuchen sich hinter diesem Rezept verbirgt, sollte jeder Heilende wissen! Ein gut gehütetes Rezept der Heilerklasse, das dem einen oder anderen gelegentlich eine kleine Sünde wert ist.

FÜR EINE 26 cm SPRINGFORM:

FÜR DEN TEIG:

6	EIER
350 g	ZUCKER
	GERIEBENE SCHALE EINER HALBEN BIO-ZITRONE
250 g	FRISCHKÄSE (DOPPELRAHMSTUFE)
350 g	MEHL
50 g	SPEISESTÄRKE
1 TL	BACKPULVER

FÜR DEN GUSS:

200 g	WEIẞE SCHOKOLADE
3 EL	KOKOSÖL

FÜR DIE CREMESCHICHT:

60 g	PECAN-NÜSSE
200 ml	VOLLMILCH
400 g	GEZUCKERTE KONDENSMILCH
2 Pkg.	BOURBON-VANILLEZUCKER
40 g	SPEISESTÄRKE
80 g	KOKOSRASPELN

AUẞERDEM:

ETWAS BUTTER ZUM EINFETTEN

ZUM VERZIEREN ZUSÄTZLICH:

ZUCKERPERLEN
WEIẞE SCHOKOLADE
NÜSSE

1. **Für die Creme:** Pecan-Nüsse hacken. Speisestärke in einer kleinen Schale mit 5 EL der Milch mischen. Kondensmilch, restliche Vollmilch und Vanillezucker in einen kleinen Topf geben und erhitzen. Sobald es kocht, vom Herd nehmen und unter Rühren den Speisestärke-Milch-Mix in den Topf geben. Nochmals auf den Herd stellen und unter ständigem Rühren erhitzen, bis ein Pudding entsteht, sofort vom Herd nehmen. Gehackte Pecan-Nüssen und Kokosraspeln unter den Pudding heben und gut mischen.

2. **Für den Teig:** Eier trennen. Eigelb mit Zucker mixen, bis eine helle, dicke Creme entstanden ist. Geriebene Zitronenschale und Frischkäse dazugeben und gut mischen. Mehl, Speisestärke und Backpulver in einer Schale mischen und zum Frischkäse-Mix geben. Alles zu einem Teig mischen. Eiweiß steif schlagen und vorsichtig unter den Teig heben.

3. Eine 26 cm Springform mit Backpapier auslegen und den Rand innen mit Butter einfetten. Den Teig in die Springform geben und bei 150 °C Ober-/Unterhitze 70 Minuten backen.

4. Mit einem Holzstäbchen testen, ob der Kuchen gar ist. In die Mitte stechen. Wenn kein Teig dran klebt, ist er fertig.

5. Kuchen komplett auskühlen lassen. Aus der Form nehmen und zweimal längs durchschneiden, sodass 3 dünne Tortenböden entstehen.

6. Eine Hälfte der Creme auf dem untersten Tortenboden verteilen. Auf die Creme den zweiten Tortenboden legen. Die andere Hälfte der Creme auf diesen verteilen und darauf den Kuchendeckel legen.

7. **Für den Guss:** Schokolade und Kokosöl im Wasserbad schmelzen und mischen. Auf den Kuchendeckel verteilen und an den Seiten runterlaufen lassen. Nach Belieben mit weißer Schokolade, Nüssen und Zuckerperlen verzieren.

EINKAUFSLISTE

HELDENHALLE: CHARAKTERERSTELLUNG

Du bist ein Held auf Kochabenteuer? Oder ein Scharfschütze, der sich den Weg zu den besten Zutaten bahnt? Erstelle hier deinen individuellen Charakter für dein Gaming-Kochbuch-Abenteuer!

Die Vorlagen und ein How-to-Video findest du auf:

https://www.mangakochbuch.com/2024/07/08/das-gaming-kochbuch-vorlage-fuer-die-heldenhalle/

Male einen Charakter aus oder klebe eine unserer Vorlagen ein:

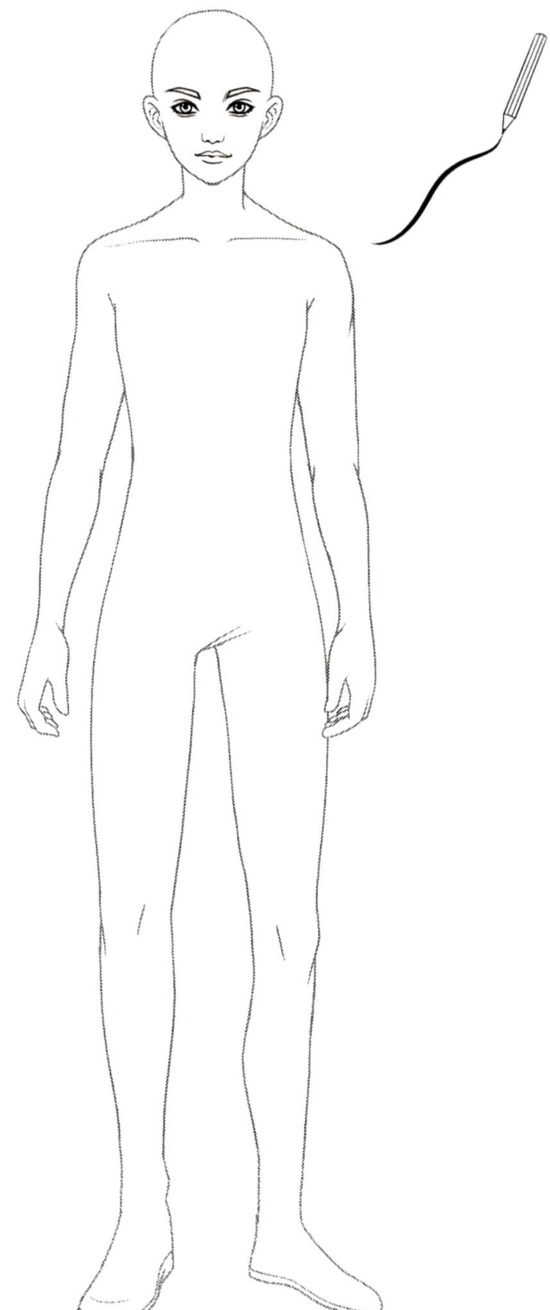

NAME

KLASSE

VOLK

LEVEL

WAFFE

LAND

SPIELGENRE

SPEZIALATTACKE

BESONDERE FÄHIGKEITEN

DU HAST DAS KOCHBUCH ERFOLGREICH DURCHGESPIELT! YAY! BEREIT FÜR EIN GEHEIMES BONUSLEVEL?

REGISTER

IMPRESSUM

Liebe Leserinnen und Leser,

wir freuen uns, dass wir Ihnen mit unserem Buch neue Inspiration liefern dürfen und hoffen, es wird Ihnen gefallen. Weitere Leseabenteuer mit verbriefter Fachinformation finden Sie auf **www.cadmos.de**
Wenn Sie mit uns in Verbindung treten oder Ihre Erfahrungen teilen wollen, dann tun Sie das bitte unter:

https://www.facebook.com/cadmosverlag
https://www.instagram.com/cadmosverlag
oder per Mail an info@cadmos.de

Wir freuen uns schon jetzt über Ihr Feedback!

ISBN: ISBN 978-3-8404-7062-2

Deutsche Nationalbibliothek – CIP-Einheitsaufnahme

Die Deutsche Nationalbibliothek verzeichnet diese Publikation in der Deutschen Nationalbibliografie; detaillierte bibliografische Daten sind im Internet über http://dnb.ddb.de abrufbar.

Viel Freude mit diesem Buch wünscht Ihnen Ihr CADMOS-Team:

Autorin: Angelina Paustian

Lektorat: Ing. Barbara P. Meister MA; FachLektor.at

Korrektorat: Hannah Crawford

Layout & Grafisches Konzept: Mariam Hardjowirogo, Angelina Paustian

Satz und Bildreproduktion: Hantsch PrePress Services OG, Wien

Bildquellen: Ulrich Hantsch (Coverfoto und Fotos im Innenteil), Angelina Paustian

Food-Styling: Angelina Paustian, Ulrich Hantsch

Illustrationen: Mariam Hardjowirogo, Hamburg (@machi-manga)

Wir übernehmen Verantwortung:

Dieses Buch wurde anhand ausgewählter Qualitätskriterien ressourcenschonend und schadstofffrei in Cadmos Qualität für Sie hergestellt. Das verwendete Papier für Kern und Cover ist FSC©-zertifiziert, der Druck erfolgte CO_2-neutral.

Der Inhalt ist auf Magno matt 135 g/m² mit 1,01 Volumen für Sie gedruckt, ein matt gestrichenes Bilderdruckpapier, das die Farben leuchten lässt und dem Inhalt einen hochwertigen Charakter verleiht.

Das Cover wurde auf Peyvida puro 270 g/m² gedruckt, einem Naturkarton mit ansprechender Optik und Haptik. Auf Laminierung und Einschweißen in Plastikfolie verzichten wir – für unsere Umwelt und unsere Zukunft.

Gedruckt und gebunden wurde dieses Buch in der EU (wir wollen lange Transportwege vermeiden), bei unserem langjährigen, bewährten Druckpartner GRASPO (www.graspo.com).

FSC® www.fsc.org
MIX
Papier | Fördert gute Waldnutzung
Paper | Supporting responsible forestry
FSC® C010798

Product footprint
CO_2 Neutral
PBN-CFMC-059235
www.preferredbynature.org

Uns ist wichtig:

Gender-Erklärung: Alle Geschlechter sollen sich gleichermaßen wahrgenommen und wertgeschätzt fühlen. Im Sinne eines flüssigen Lesevergnügens verzichten wir jedoch auf die Verwendung von geschlechterspezifischen Sprachformen (m/w/d). Sämtliche Personenbezeichnungen gelten gleichermaßen für alle Geschlechter!

Haftungsausschluss: Wir haben den Inhalt dieses Buches nach bestem Wissen geprüft. Für die Richtigkeit der Angaben und eventuelle Schäden, die aufgrund von Beschlüssen und Handlungen, die anhand der gegebenen Informationen getroffen wurden, wird trotz sorgfältiger Recherche keine Haftung übernommen. Im Zweifelsfall ziehen Sie bitte geschulte Fachleute zu Rate.